60 Minutos para Entender a Wicca

Aviso

A editora e seus escritores
não se responsabilizam por eventuais
lesões ou prejuízos sofridos pelo leitor que
possam decorrer da utilização do conteúdo presente
nesta obra e sugerem prudência ao ponderar sobre as
práticas apresentadas neste livro. O conteúdo desta
leitura não tem como objetivo substituir orientações
de profissionais da área médica ou psicológica.
Recomenda-se aos leitores procurar seus especialistas
em saúde pessoal para tratamentos. O uso de ervas,
plantas e óleos essenciais deve ser feito com cuidado, e
uma investigação detalhada acerca de qualquer planta
citada neste livro deve ser conduzida pelo leitor antes
de manuseá-la. Ao lidar com fogo, siga as medidas de
segurança contra incêndios e jamais deixe
velas ou outras fontes incandescentes
sem supervisão.

60 Minutos para Entender a Wicca

Claudiney Prieto

ARDANE

Editor: Claudiney Prieto
Coordenação Editorial: Luciana Papale
Diagramação e capa: Ardane Books
Revisão: Grupo Papale's

DADOS INTERNACIONAIS DE CATALOGAÇÃO NA PUBLICAÇÃO (CIP)
CÂMARA BRASILEIRO DO LIVRO, SP, BRASIL

P949 Prieto, Claudiney
60 Minutos para entender a Wicca / Claudiney Prieto
Editora Ardane| 1ª edição| São Paulo | 2023

ISBN 978-65-85370-10-3
1. Wicca. 2. Esoterismo. 3. Bruxaria. 4 Magia I. Título.

CDD 133.43
CDU 133.4

Índice para catálogo sistêmico:
1. Bruxaria: Ocultismo 133-43

EDITORA ARDANE
www.ardane.com.br
Tel.: (11) 97774-4013 | E-mail: contato@ardane.com.br
Instagram: @ardanebooks

Novamente a Deusa renasce!
Crianças, mulheres e homens das mais variadas idades celebram a Mãe de toda vida.
Ela é a Tecelã, a Curandeira, Senhora dos Dez Mil Nomes e Conhecedora de todos os mistérios.
A Deusa renasce num novo tempo, para um novo povo.
Abençoados sejam os que se reúnem novamente no Círculo Sagrado, dançando, cantando e erguendo seus braços à Lua,
reverenciando a mais antiga das Divindades.
Celebre a Vida e a chegada de um novo tempo.
Tudo o que foi perdido é encontrado novamente,
em uma nova forma, de uma nova maneira.
Tudo o que foi ferido é curado novamente,
em uma nova vida, em um novo dia.
A Deusa está na Terra e a Magia está no ar.
Somos o povo antigo, o novo povo, juntos de novo!

Claudiney Prieto

SUMÁRIO

A Magia da Wicca está na harmonia
entre nós, a Terra e o divino.

Uma Pequena Introdução

Ao contrário do que muitos pensam, a Bruxaria Moderna, que ficou conhecida largamente pelo nome de "Wicca", não é uma religião estranha ou ligada ao mal.

Baseada em pequenos grupos ou em praticantes solitários, a Wicca procura colocar o homem em contato com a natureza e suas energias e é uma religião matrifocal, centrada na figura da Deusa Mãe, personificada como a própria Terra e como a Lua, que enfatiza a responsabilidade social, ambiental e moral e que vê a ligação divina com a natureza como o único caminho para o autoconhecimento e a evolução espiritual.

Ao longo das próximas páginas, convido você a embarcar em uma jornada única, onde exploraremos as raízes históricas da Wicca, suas crenças fundamentais, práticas rituais e valores centrais. Mas aqui está o que torna esta obra especialmente intrigante: em apenas 60 minutos, você será capaz de compreender os princípios básicos da Wicca e ganhar uma perspectiva valiosa sobre o seu significado e relevância nos tempos modernos.

Com uma abordagem clara e concisa, desvendaremos o mistério por trás dos rituais mágicos, das celebrações sazonais, da conexão com a Deusa e o Deus, e do respeito pela dualidade e equilíbrio presente em todas as coisas. Através de uma linguagem acessível e exemplos práticos, você será conduzido em uma exploração enriquecedora, que lhe permitirá compreender os princípios centrais da Wicca e como eles podem ser aplicados em sua própria vida.

A Wicca é uma religião de profundo respeito pela Terra e pela natureza, enfatizando a conexão com as forças divinas presentes no mundo e dentro de nós mesmos. É uma tradição que valoriza a liberdade pessoal, a responsabilidade individual e o amor pela criação. Se você está pronto para abrir as portas da compreensão e mergulhar em um caminho espiritual que honra as antigas tradições, enquanto se adapta às necessidades e desafios da vida moderna, então este livro é o seu guia essencial.

Na sua história, a Wicca traz uma fusão entre antigos rituais Pagãos e a consciência contemporânea. A Wicca não é apenas um sistema de crenças; é um modo de vida, baseado na harmonia com o mundo natural e no respeito pelos ciclos da vida.

Em nossa jornada, exploraremos também os principais rituais e práticas que compõem a vida de um Wiccaniano. Discutiremos os Sabbats, as oito celebrações anuais dos Bruxos que marcam as estações e os pontos intermediários entre elas. Aprenderemos sobre a Magia, uma prática essencial que visa a manipulação sutil das energias naturais para alcançar mudanças desejadas, sempre guiada pela máxima "Sem a ninguém prejudicar, faça o que desejar".

Não podemos esquecer os valores éticos da Wicca, que promovem o respeito pela vida, pela natureza e pela liberdade de pensamento e crença. Wiccanianos acreditam na lei tripla, que diz que tudo que fazemos retorna para nós três vezes, incentivando assim ações positivas e benéficas.

À medida que avançamos em nossa jornada, também abordaremos os diversos elementos e ferramentas usados na prática da Wicca. Entre estes estão o Athame, o Cálice, o Pentáculo e o Livro das Sombras — cada um com seu significado e propósito simbólicos.

Por fim, consideraremos como a Wicca pode ser aplicada em sua vida diária. Seja encontrando a Divindade na natureza durante uma caminhada, seja praticando rituais de agradecimento e proteção em sua casa, a Wicca oferece uma maneira de viver que é profundamente enraizada na conexão com o mundo natural e no respeito pela vida em todas as suas formas.

Essa é apenas uma visão geral do que você vai descobrir ao longo deste pequeno livro. Através desta exploração da Wicca, que você possa encontrar um caminho para uma maior compreensão de si mesmo, do Universo e da Divindade. E mesmo que a Wicca não se torne seu caminho espiritual, ela pode lhe oferecer uma nova perspectiva, além de ferramentas valiosas para uma vida mais equilibrada e harmoniosa. Ao longo desta obra, que você encontre a visão e a inspiração para integrar esses princípios e práticas à sua vida, seja você um buscador espiritual ou alguém simplesmente curioso sobre a rica tapeçaria da Arte. Independentemente de suas crenças, é sempre possível aprender e crescer com a sabedoria antiga da Wicca e sua visão de um mundo equilibrado, pacífico e respeitoso. Então, vamos começar essa jornada juntos, para a descoberta e o entendimento dessa sagrada forma de espiritualidade.

Somos feitos de estrelas, fogo,
terra, água e ar.

A Bruxaria Moderna

Nos dias atuais, separamo-nos dos ritmos da natureza, não mais dançamos em volta de fogueiras e não nos reunimos em montanhas ou ao redor de árvores entoando cânticos sagrados para celebrar as mudanças da Terra. Não vemos mais o fenômeno da suspensão do Sol, da Lua e das estrelas no céu como algo divino e como uma dádiva dos Deuses. Os Antigos foram esquecidos, as velhas Tradições foram perdidas.

Mas a Roda gira uma vez mais. Hoje, não só nos Estados Unidos, mas em todo o mundo, o crescimento da Wicca se tornou um fenômeno social e espiritual.

A Bruxaria renasceu na Europa, por volta de 1951. Seguramente, Gerald Gardner, Doreen Valiente e Alex Sanders, os maiores expoentes da Wicca naquela época, não imaginaram que a Bruxaria Moderna fosse conquistar tantos atuantes e admiradores em todas as partes do mundo.

Desde que Gardner expôs os conhecimentos do Coven no qual foi iniciado, por meio de suas publicações, o interesse pelas práticas Wiccanianas não parou de crescer. Ela foi criada e recriada inúmeras vezes e assumiu novas roupagens, novos contextos, novos anseios. Novas Tradições surgiram e os mais diversos caminhos para atingir a essência dos antigos Deuses foram criados e estabelecidos. Hoje, novas formas de Bruxaria abundam em todo o mundo. Wicca das Fadas, Diânica, Céltica, Saxônica, Georgina, Caledoniana são apenas algumas das incontáveis Tradições de Bruxaria que surgiram baseadas nos princípios revelados por Gardner.

Atualmente, a Wicca é uma mistura de várias vertentes e caminhos mágicos diferentes. Sendo esta uma religião não dogmática e de natureza individualista, é perfeitamente compreensível que tais caminhos tenham surgido. A principal função da Wicca é preencher o vazio e o espaço que têm nos separado da natureza e do Sagrado durante tanto tempo. Se isso só for possível e conseguido com a criação de novos conceitos e práticas, que assim seja.

Muito diferente do que talvez tenha pensado sua vida inteira, nós, Bruxos, não somos maus e nem voamos em vassouras. Bruxos são pessoas reais da vida cotidiana, tão normais quanto as que você encontra no ônibus, no metrô, na fila do banco, na rua...

Seguramente, muitas destas pessoas são as transformadoras, as moldadoras do mundo que, com suas visões, crenças, ritos e poder podem mudar a realidade moderna que por vezes nos assusta.

Estas pessoas acreditam que através de seus antigos Deuses, toda mudança é possível, e que por mais que tenhamos tentado, sempre vai haver outras maneiras de alcançar a totalidade e melhorar o mundo em que vivemos. Estes personagens da vida real moderna acreditam que a Terra está viva, que temos o poder de lutar pela liberdade, que somos um grande potencial nas mãos da Deusa e que devemos usar toda essa potencialidade a serviço Dela, buscando atitudes necessárias para um mundo mais digno, mais honesto, mais verdadeiro onde todas as formas de amor, todas as raças, todas as nossas escolhas pessoais sejam respeitadas e celebradas, sempre...

Sinta a energia da Deusa e do Deus em cada gota de chuva, em cada raio de sol.

Dúvidas Frequentes

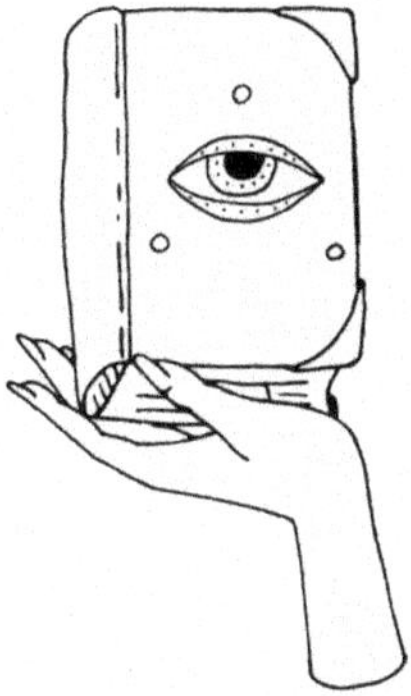

Como toda religião minoritária, a Wicca está repleta de lendas e ainda hoje existem inúmeros preconceitos relacionados com esta forma de espiritualidade.

Aqui, encontram-se algumas das perguntas e respostas mais frequentes para as diversas dúvidas sobre a Wicca, a Bruxaria Moderna.

O que é Wicca?

Também chamada de "Arte", "Velha Religião", "Antiga Fé", *Wicca* é o nome alternativo dado às práticas da Bruxaria Moderna de origem europeia.

A palavra "Wicca" vem do inglês arcaico *Wicce,* que significa "girar", "dobrar" ou "moldar". Estas palavras refletem a essência da Religião Wicca, já que girar e moldar a natureza, interagindo com ela, é um dos seus principais objetivos.

Wicca é uma religião que baseia sua filosofia e práticas na celebração à natureza e no culto à Deusa

Mãe, que personifica a própria Terra e o feminino. A Deusa é a Criadora de tudo e de todos e é a principal Deidade Wiccaniana.

Simbolizada pela Lua e pela Terra, a Deusa recebeu diferentes nomes em diferentes culturas onde foi cultuada e celebrada. Ela é eterna, imortal e exerce supremacia em nossas práticas e rituais.

Muitas das práticas Wiccanianas remontam a antiga religião dos celtas, porém, influências gregas, sumerianas, egípcias, entre outras, são encontradas na base fundamental da Wicca atual.

Estamos falando de uma religião, inspirada na Grande Mãe, que busca novamente colocar nosso ser em contato íntimo com a natureza, resgatando nossa ligação com a Terra, tornando-nos mais conscientes da grande necessidade de preservação da fauna e da flora em nosso Planeta.

Mas a Deusa não está sozinha!

Uma Divindade secundária, chamada de Deus Cornífero, considerado o filho e consorte da Deusa, também é reverenciado. Ele é o representante da fauna, da flora e dos animais, um antigo Deus das primeiras culturas da humanidade, responsável pela caça e pela abundância.

Sendo assim, a Wicca celebra o Sagrado Feminino e Masculino existente dentro de cada um de nós, buscando a complementaridade e o equilíbrio entre homens e mulheres. Mesmo dando uma preponderância ao Sagrado Feminino e às mulheres, muitos homens se identificam com a Wicca e celebram a Deusa, encontrando nas práticas da Bruxaria Moderna uma forma de reavaliarem e mudar seus pensamentos, posturas e ações. Isso contribui para transformar homens influenciados por séculos de patriarcado e machismo em seres humanos mais conscientes e desprovidos de preconceitos.

Em que tipo de forças os Bruxos modernos acreditam?

Bruxos modernos, também chamados de Wiccanianos, acreditam nas forças da natureza deificadas e personificadas como Deusa e Deus, que representam os aspectos femininos e masculinos da Criação.

Para os praticantes da Wicca, a Deusa e o Deus estão presentes em todas as coisas, pois a Divindade é vista como imanente e não como transcendente. Isto significa que cada objeto, animado ou inanimado, carrega uma centelha da Deusa e estão ligados através de uma intrincada rede que une a tudo e a todos, onde atos isolados não são necessariamente apartados da comunidade e afetam toda a rede, que é a própria humanidade e o mundo natural.

A Deusa e o Deus representam os poderes da vida, assegurando o equilíbrio de todo o Universo.

Quem é a Deusa?

A Deusa é o princípio Sagrado Feminino, aquela que teria criado a tudo e a todos. Sabemos que os primeiros povos da Terra não acreditavam em um "Deus Criador", mas, sim, em uma Deusa, uma Divindade primordial feminina. E é nestes mitos que a Bruxaria Moderna vai buscar inspiração para sua religiosidade. A Deusa é vista como imanente, ou seja, está presente em todas as coisas existentes. Ela é os 4 elementos, a Terra, a Lua, Ela sou eu, Ela é você.

Muitos mitos ao redor do mundo retrataram o Sagrado Feminino numa trindade de Donzela, Mãe e Anciã, e é desta forma que ela é vista por nós, Wiccanianos. Na lua crescente a Deusa é simbolizada como a Donzela; na lua cheia é a Mãe e na lua minguante a Anciã. Um dos seus símbolos mais importantes é a Lua, já que os mistérios lunares sempre estiveram associados aos ciclos menstruais das mulheres que, consequentemente, trazem os poderes da vida e da Deusa.

Quem é o Deus?

A Wicca é uma religião polarizada, sendo assim, além da Deusa também existe um princípio masculino, o nosso Deus. Considerado o filho e consorte da Deusa, muitas vezes ele é chamado de "Deus Cornífero", "Deus Astado", "o Galhudo". Sua associação com os chifres nada tem a ver com a figura do diabo. O demônio cristão só passou a ser representado com chifres a partir da Idade Média, durante a Inquisição, numa tentativa de denegrir a imagem de Deuses Pagãos. Ele é apenas representado com chifres em sua cabeça devido a sua associação com os animais e com a caça. O Deus Cornífero é o Senhor dos animais, da fartura e da abundância. Enquanto a Deusa é representada pela Lua, ele é simbolizado pelo Sol que faz as sementes crescerem no interior da Terra, para nutrir os filhos da Grande Mãe.

Qual a diferenças entre Wicca e *Witchcraft*?

Basicamente nenhuma, porém encontramos muitas pessoas que preferem dizer que praticam *Witchcraft* em vez de Wicca. Isso ocorre pelo fato de afirmarem que as práticas da *Witchcraft* compõem a Bruxaria Tradicional que, segundo elas, seria mais antiga que a Wicca. Essa afirmação, geralmente sem base em fatos reais, dá a essas pessoas a possibilidade de se dizerem detentores de uma Tradição supostamente mais pura e arcaica. Outras, no entanto, preferem dizer que são Wiccanianas, porque não querem ver seus nomes associados à Bruxaria, não por não saberem o que ela é na realidade, mas devido às inúmeras conotações estigmatizadas e negativas atribuídas aos Bruxos e Bruxas ao longo dos tempos e que ainda pairam no ar. A terminologia pode mudar, mas a essência das práticas permanece a mesma.

Wiccanianos fazem feitiços?

A Wicca é uma religião que engloba um vasto conjunto de técnicas de Magia Natural, como parte integrante de sua estrutura operacional. Sendo assim, encantamentos, sortilégios e feitiços são muitas vezes utilizados por seus praticantes, uma maneira de estabelecer alterações em nossa vida cotidiana. Bruxos sempre realizam feitiços com intuitos positivos, seja para curar, seja para atrair harmonia, mas jamais para prejudicar.

Bruxos praticam algum tipo de arte divinatória?

Sim. Os praticantes de Bruxaria são adeptos a muitos tipos de artes divinatórias.

Por acreditarem que são senhores do seu futuro e que o destino não é imutável, Bruxos recorrem a algumas práticas oraculares para terem um panorama das tendências futuras.

Muitos acreditam que seus oráculos são a própria

voz da Deusa, através do qual Ela pode indicar, alertar ou prevenir. Já outros veem a arte divinatória como um portal de acesso à linguagem do inconsciente coletivo e dos arquétipos, por meio do qual é possível vislumbrar os acontecimentos vindouros.

Bruxos seguem algum calendário litúrgico?

Sim. Por ser uma religião centrada na natureza, o calendário litúrgico Wiccaniano tem como base as mudanças que ocorrem na natureza. Esse calendário consiste em 21 rituais anuais, que são realizados basicamente nos 13 Esbats (ritos da lua cheia) e 8 Sabbats (ritos que marcam as mudanças sazonais).

Os Sabbats são rituais que celebram o nascimento, a vida e a morte do Deus, filho e consorte da Deusa. Este ciclo de vida e morte representa nada mais nada menos que o próprio Sol, que aquece intensamente em determinadas estações do ano e "desaparece" aparentemente em outras. As datas de Sabbats ocorrem de acordo com os ancestrais calendários de plantio e colheita dos povos campesinos da Europa Antiga.

Existem bruxos bons e maus?

Não. Os praticantes de Bruxaria fazem parte de uma religião positiva e evolutiva, que centra suas atividades para propósitos benéficos.

Quando uma pessoa se integra à Wicca, a primeira coisa que aprende é que ela deve viver de acordo com o Dogma da Arte: "Sem a ninguém prejudicar, faça o que desejar."

Isto significa respeitar não só a natureza, mas o livre-arbítrio de cada ser e não prejudicar a ninguém, inclusive a nós mesmos.

Existem pessoas boas e más, e a Wicca, como qualquer outra religião, não escapa a esta regra. É importante lembrar que é o senso ético de cada pessoa que determina suas atitudes, não esta ou aquela religião.

O que é um Coven?

A palavra "Coven" vem do termo *Coventus,* que significa "reunir-se", "estar junto". Portanto, "Coven" é o nome dado para um grupo de Bruxos que pratica a Arte de uma maneira coesa.

Existem muitos tipos diferentes de Covens. Alguns deles são iniciáticos, outros visam apenas a praticar a Arte, enquanto outros, ainda, seguem uma rígida hierarquia e sistema de graus. Tudo depende da forma de trabalho escolhida pelos membros do Coven ou por sua Sacerdotisa e/ou Sacerdote.

Este grupo é como uma família, com fortes laços sociais e mágicos. Seus membros não só se encontram regularmente para celebrar a lua cheia e os Sabbats, mas também para passear, dançar e se divertir.

Um Coven é geralmente dirigido por uma Sacerdotisa e um Sacerdote. Alguns, no entanto, principalmente Covens de algumas facções da Tradição Diânica, são governados apenas por Sacerdotisas.

O que é um Bruxo Solitário?

É como chamamos uma pessoa que escolheu praticar a Religião da Bruxaria sozinha, sem pertencer a nenhum Coven ou grupo.

As pessoas escolhem praticar solitariamente a Arte por inúmeros motivos. Seja pelos vários problemas e incompatibilidades que surgem em qualquer grupo de pessoas, seja por falta de horários flexíveis para os encontros, seja por sentirem que a sua própria maneira de trabalhar magicamente é o melhor caminho de conexão com a Deusa. A prática solitária é um caminho tão válido quanto a prática em um Coven Tradicional.

A maioria dos Bruxos solitários são ecléticos. Por não terem um treinamento tradicional dentro de um Coven, sentem-se sozinhos e acabam inserindo aspectos de diferentes segmentos da Wicca em sua forma de praticar.

Bruxos Solitários geralmente se autoiniciam, mas existem também aqueles que foram iniciados tradicionalmente e posteriormente optaram pelo trabalho solitário.

Existem diferentes grupos de Bruxos?

Sim. Diferentes grupos de Bruxos são chamados de "Tradições". Existem inúmeras Tradições na Bruxaria e a cada dia surgem novas. A Bruxaria é uma religião marcadamente individualista, onde todas as pessoas encontram diferentes possibilidades de extravasar sua religiosidade, noção acerca do Divino e formas distintas de cultuar. Por isso existem vários ramos diferentes, capazes de comportar cultos a panteões dos mais diversos, com inúmeros ritos e variadas estruturas.

O que é a Wiccan Rede?

A Wiccan Rede, também chamada de "Rede Wiccaniana" ou "Dogma da Arte", é a única diretriz que guia um Bruxo Wiccaniano. Ela expressa que todos podem fazer o que quiser com suas vidas, desde que outros, e nem nós mesmos, sejam prejudicados.

Bruxos possuem algum livro sagrado?

Não. Os conhecimentos da Bruxaria sobreviveram por meio da tradição oral, transmitidos de boca a boca pelos seus praticantes, por isso não há um livro sagrado que os Wiccanianos devam seguir. Apesar de existirem inúmeros livros publicados sobre a Arte, nenhum deles é um livro padrão para rituais e práticas. Nem mesmo o Livro das Sombras, criado por Gerald Gardner, o pai da Bruxaria Moderna, ocupa tal posição. Os interessados na Wicca devem buscar seus conhecimentos em diferentes livros de autores variados, na natureza e em contato direto com Bruxos mais experientes, lembrando-se sempre de que a Wicca é uma religião libertária e não hierárquica. Por isso, não existem autoridades que devem ser acatadas. Porém, orientações de Bruxos mais experientes devem ser consideradas sempre como válidas, pois na Arte valorizamos altamente a ancestralidade. Assim, cada Tradição possui o seu Livro das Sombras, que contém os mistérios e ritos específicos apenas daquele caminho Pagão e não se aplica aos demais.

Existem templos sagrados na Wicca?

Sim. A natureza é o templo dos Antigos Deuses. Nossos rituais são sempre realizados na natureza quando possível. Apesar de muitos Wiccanianos realizarem seus rituais em casa ou em locais fechados – por questões de privacidade –, a natureza é sempre vista como o local ideal para a celebração das práticas ritualísticas.

A Wicca possui algum símbolo sagrado?

A Wicca possui muitos símbolos sagrados, como o *Triskle*, a *Espiral*, a *Triluna*, o *Labirinto*, o *Labrys*. Porém, o símbolo mais associado com esta religião é o *Pentagrama*, uma estrela de cinco pontas, com uma das vértices para cima, dentro de um círculo. O Pentagrama representa o homem de braços abertos dentro do Círculo Mágico e os quatro elementos, Terra, Ar, Fogo e Água, mais o Espírito e trata-se do símbolo sagrado mais utilizado e aceito por todas as Tradições da Arte.

Bruxos praticam orgias rituais?

Não, de nenhuma maneira. A Wicca é uma religião de celebração à vida e a tudo aquilo que faz a vida existir. Nós buscamos inspiração para nossas práticas nos antigos ritos de fertilidade que remontam a tempos imemoráveis. Exatamente por este motivo, muitos dos símbolos utilizados são sexuais.

Por ser uma religião da terra, consideramos que sexo é vida. Sendo assim, nossa visão sobre sexualidade é despreconceituosa, positiva, aberta e abrangente, mas isso não justifica condutas prejudiciais e ilegais.

Muitas das fantasias sobre orgias sexuais em ritos Pagãos vêm da perseguição medieval da Igreja contra a Antiga Religião, onde farsas e calúnias foram inventadas e largamente divulgadas para denegrir a imagem e a religião de Bruxas e Bruxos.

É importante saber que muitos símbolos sexuais são utilizados e até mesmo a União Sexual Divina é representada por meio de um ritual chamado de "o Grande Rito", onde o Athame é inserido no Cálice em um momento da cerimônia, simbolizando a união da Deusa e do Deus.

O ato sexual real em si é incomum e, quando isso ocorre, a prática acontece entre duas pessoas casadas e de uma maneira privativa, como forma particular de honrarem a Deusa e o Deus.

Em algumas Tradições da Bruxaria, o ato sexual fez parte durante muito tempo da Iniciação de Terceiro Grau, mas hoje tal sagração, na maior parte das vezes, ocorre através do Grande Rito Simbólico.

Bruxos realizam sacrifícios animais ou humanos em seus rituais?

De forma alguma. A Wicca é uma religião fundamentada na natureza e de amor incondicional a ela, por isso qualquer ato contra a vida é terminantemente proibido. "Abençoado seja tudo, pois tudo foi criado pelas mãos da Deusa" é uma das nossas máximas. Se souber que alguém está cometendo tal ato em nome da Bruxaria, denuncie esta pessoa imediatamente às autoridades.

Bruxos acreditam no Diabo?

Os praticantes da Bruxaria não acreditam no diabo, assim como da mesma forma não acreditam em Cristo ou no Deus Cristão. Também não profanam igrejas nem cemitérios, muito menos suas hóstias.

A Bruxaria é uma religião baseada nos cultos pré-cristãos dedicados à Deusa, existentes a muito, muito tempo antes do conceito de um Deus monoteísta e da criação do Diabo.

O cristianismo transformou a figura de antigos Deuses ornados com chifres, como Cernunnos, Herne, Pan, Odin, por exemplo, na imagem do Diabo que hoje a sociedade conhece, para que, desta maneira, o Deus das Bruxas fosse estigmatizado e assumisse o papel de malfeitor.

Ainda ecoam estigmas que associam as práticas da Arte ao mal e, infelizmente, devemos isso à época medieval da Inquisição, onde Bruxos foram associados ao Demônio e ao mal por interesses políticos e religiosos da época. Hoje, a Bruxaria encontra nova luz e vem resgatando sua dignidade como religião. Bruxos não praticam o mal e nem são anticristãos, apenas não são cristãos.

Diabo, Satã, Satanás e Demônio fazem todos parte da religião Cristã, não Pagã.

Bruxos fazem seus rituais nus?

Muitos Bruxos preferem fazer seus rituais nus, enquanto outros optam pelo uso de vestes ritualísticas.

Quando um praticante realiza seus rituais nu, diz-se que ele está "vestido de céu" ou com as "vestes da lua".

A maioria dos Wiccanianos, no entanto, trabalha vestido com mantos, túnicas ou robes. Neste caso, podem-se usar diferentes cores de mantos para diferentes rituais.

Enquanto os Bruxos que trabalham "vestidos de céu" dizem que o poder flui melhor quando se está sem roupa, os que usam roupas cerimoniais argumentam que nada pode ser um obstáculo para que a energia da Deusa flua. As duas formas são aceitas e nenhuma é melhor que outra.

O que os Bruxos fazem pela natureza?

A Deusa Mãe é vista como a própria natureza manifestada. Por isso, preservar o Planeta é preservar o corpo da Deusa, a nossa casa, a nossa família que é a humanidade como um todo.

Exatamente por isso, Bruxos e Bruxas estão sempre engajados em movimentos ecológicos e ambientais, lutando pela preservação do meio-ambiente de uma forma ou de outra.

Bruxos fazem da preservação da natureza a sua principal meta e lema de vida e acreditam que esta é a única maneira de nos ligarmos novamente aos antigos Deuses da natureza, que se afastam cada vez mais devido à poluição, aos entulhos e à toxidade que deixamos se espalhar pela Terra.

Seja por meio de um engajamento com organizações ambientais ou fazendo o seu trabalho de conscientização e preservação sozinhos, Bruxos seguem cumprindo com a missão de limpar o Planeta do lixo que a humanidade lhe trouxe e se preocupam não só com o mundo que deixarão para as próximas gerações, mas com as gerações que deixarão para o mundo.

Bruxos são Pagãos?

Sim. A palavra "Pagão" vem do termo *Paganus*, que significa "pessoa do campo".

Quando o cristianismo se tornou a religião da moda dos reis e rainhas da época, a Velha Religião continuou sendo mantida com a prática das pessoas simples do campo, que deram continuidade às antigas celebrações sazonais de plantio e colheita centradas nas Tradições da Deusa.

Hoje não mais vivemos no campo, ao contrário, muitos de nós vivem nas selvas de pedras das cidades grandes. Utilizar o termo "Pagão" é uma forma de honrar todos aqueles que mantiveram vivos os antigos ritos, dando a nós a oportunidade de que chegassem até nós na atualidade.

Em resumo, "Paganismo" é qualquer caminho espiritual centrado na natureza e suas manifestações, e a Wicca, a Bruxaria Moderna, é um deles.

A Wicca nos convida a sermos um com a natureza, a dançar com as estrelas, a fluir com o rio da vida.

A Wicca não é apenas uma fé, é uma forma de amar a vida e abraçar seu mistério.

Os Instrumentos de um Bruxo

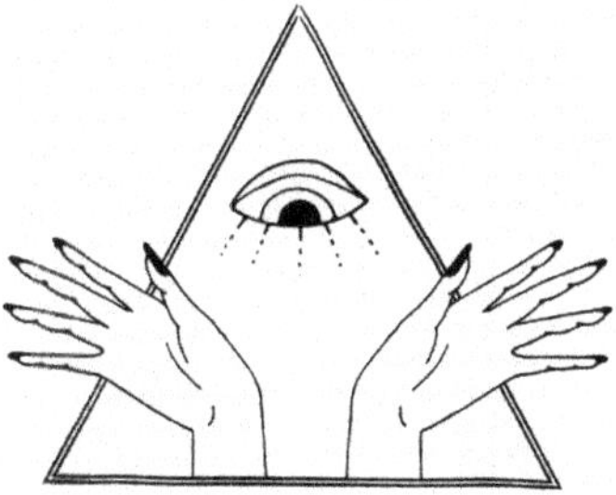

Bruxos usam instrumentos mágicos durante seus rituais para estabelecerem comunicação com os Deuses e com o Universo, consagrar, direcionar e transferir energia.

Essas "ferramentas sagradas" somente são utilizadas durante os rituais e com finalidades mágicas específicas.

Instrumentos mágicos

Todas as religiões utilizam objetos sagrados dotados de certos poderes e significados, com a finalidade de se comunicarem com suas Divindades.

Na Bruxaria não seria diferente. Nós também usamos artefatos sagrados específicos para nos comunicarmos com nossos Deuses. Chamados de "instrumentos mágicos", esses utensílios são utilizados durante os rituais como elementos de apoio durante nossas práticas.

Instrumentos mágicos são capazes de consagrar, dirigir e transferir energia, mas na realidade, não possuem poder por si só, pois quem cria a energia somos nós mesmos. É a vontade e o poder interior de cada Bruxo e Bruxa, bem treinados por meio de meditações e exercícios, que fazem a diferença, e é isso que realmente importa. Sendo assim, os instrumentos mágicos são apenas acessórios, facilitadores da veiculação e foco deste poder, mas nada poderão fazer se o seu usuário não souber usar seu próprio poder pessoal e utilizá-lo da maneira correta.

Acredita-se que quando um instrumento é confeccionado por seu próprio dono, ele terá muito mais poder do que se for comprado. Outra Tradição diz que ganhar um instrumento mágico de um amigo, familiar ou pessoa querida é uma forma de lhe conferir ainda mais energia.

Na realidade, a maneira como se adquire um instrumento não importa, pois no final o que vai determinar sua eficácia ou não são os poderes que residem dentro do Bruxo.

Athame

Pronunciado *a-tã-me* e não *á-ta-me*, este talvez seja o instrumento mais importante da prática da Bruxaria.

O Athame é um punhal de fio duplo e de cabo preto. Hoje, vários outros tipos de facas – que vão desde as utilizadas para acampar, até as mais artísticas – são utilizadas como Athames.

É com ele que o Bruxo traça o Círculo Mágico, invoca os poderes, direciona a energia ou consagra utensílios que serão usados durante o ritual.

Tradicionalmente, uma pessoa não tem direito de usar um Athame até que tenha passado pela Iniciação.

Este instrumento é geralmente inscrito com símbolos mágicos em seu cabo e mantido embainhado quando não está sendo usado.

Em algumas Tradições, o Athame só é usado ritualisticamente, enquanto em outras é utilizado para todas as finalidades mágicas.

O Athame simboliza o elemento Ar sobre o altar. Em algumas Tradições ele é o símbolo do elemento Fogo.

Bolline

Uma faca de cabo branco utilizada para colher ervas, entalhar símbolos em velas, confeccionar talismãs, cortar comida ritual, etc.

Poderíamos dizer que ele é o Athame multiuso do Bruxo.

Muitas vezes o Bolline é feito de prata e pode possuir a forma de uma pequena foice.

Espada

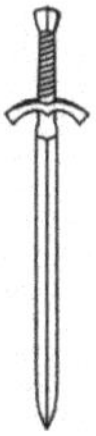

A Espada é um instrumento utilizado geralmente na prática da Magia Cerimonial, mas muitos Bruxos a usam também em seus rituais. Ela pode ser considerada um Athame em tamanho maior, sendo assim, possui a mesma finalidade.

Como um símbolo protetor, em algumas Tradições ela só é conferida àqueles que atingiram determinadas posições dentro do Coven e/ou Tradição e é um símbolo de liderança dentro do grupo.

De qualquer forma, a maioria das Tradições nunca usa espadas em seus rituais.

Altar

O Altar é o ponto focal do Bruxo durante os seus rituais. É para onde são direcionadas as energias durante uma cerimônia ou sortilégio. Os quatro elementos sempre estão representados de alguma forma sobre o Altar. É nele que se realizam todas as operações ritualísticas.

Um Altar não precisa ser ostentoso. Qualquer superfície plana, até mesmo o chão, pode servir para que ele seja montado.

A maioria dos altares usualmente possuem água, sal, incenso, um sino, flores e duas figuras ou duas velas representando a Deusa Mãe e o Deus Cornífero.

O Altar geralmente é voltado para o ponto cardeal Norte, o quadrante mais importante da Bruxaria, ou então posicionado no centro do Círculo Mágico. Bruxos geralmente deixam seu Altar montado permanentemente, mas ele pode ser desmontado e remontado a cada ritual.

Cálice

O Cálice é um dos símbolos do Sagrado Feminino e do ventre da Deusa. É usado para conter vinho, água e demais líquidos que são usados nos ritos.

Uma Taça ou Cálice pode ser feito de pedra sabão, madeira, cristal ou de qualquer outro material que pareça agradável aos seus olhos. Cálices de metal não são recomendáveis, já que podem fazer o vinho sofrer reação química e causar graves danos à saúde.

O Cálice é o símbolo do elemento Água sobre o Altar e responde ao quadrante Oeste.

Velas

Um dos utensílios mais indispensáveis para os rituais da Wicca, a vela simboliza a ativação dos desejos, dos pedidos e representa a presença dos Deuses.

Geralmente são utilizadas ao menos duas velas sobre o Altar (uma para representar a Deusa e outra para representar o Deus) e mais quatro, sendo uma para cada quadrante).

As cores das velas usadas durante o ritual podem alterar dependendo do propósito do rito.

Colocá-las sempre em castiçais ou utensílios à prova de fogo é uma atitude sábia, pois uma vela caída acidentalmente sobre uma toalha, tapete ou mesa de madeira pode causar sérios incêndios.

Bastão

Seu uso é semelhante ao do Athame, porém mais empregado para traçar símbolos no ar ou no solo, consagrar alimentos e invocar, direcionar ou manipular energias.

Um Bastão é geralmente confeccionado com madeira ou metal. Tradicionalmente, ele tem o tamanho que vai do cotovelo à ponta do dedo médio.

O Bastão é o símbolo do elemento Fogo sobre o Altar. Algumas Tradições, no entanto, conferem-lhe a virtude de representar o Ar.

Vara Mágica

Seu uso é igual ao do Bastão. A Vara Mágica é feita de pequenos ramos de árvores e com símbolos na sua ponta ou pendurados por toda sua extensão.

É muito utilizada para estabelecer comunicação com o Reino das Fadas.

Incensário

Usado para conter o incenso que será utilizado no ritual, o incensário é carregado por toda a sala onde um rito será realizado, para que a fumaça do incenso purifique o local.

Seus modelos podem ir desde os tradicionais turíbulos, aos modernos porta-incensos de madeira.

Acredita-se que a fumaça criada pelos incensos eleva nossos desejos e palavras ao mundo dos Deuses.

Além de propiciar um agradável aroma ao local onde se está trabalhando magicamente, o incenso purifica e harmoniza o ambiente. Diferentes rituais requerem diferentes aromas de incenso.

Cada aroma atrai um tipo de energia diferente para um ritual ou ambiente:

- Amor: rosas, vetiver, almíscar, patchouli, jasmim.
- Saúde: alecrim, fumo, bétula.
- Prosperidade: açafrão, louro, canela.
- Proteção: cravos-da-*índia, arruda, cedro, carvalho, junípero.*

Pentáculo

O Pentáculo é frequentemente feito de madeira ou metal e é usado para carregar energeticamente ervas, talismãs, objetos e acessórios, que serão utilizados num ritual. Ele confere poder e força aos utensílios de um rito.

Um Pentáculo sempre possui um Pentagrama inscrito no seu centro e, em algumas Tradições, como a Gardneriana e Alexandrina, por exemplo, ele é gravado com outros símbolos mágicos, que representam a Deusa, o Deus, o mundo, entre outras coisas.

Caldeirão

Outro símbolo importante para a prática da Bruxaria. Bruxos realmente usam um Caldeirão para fazer suas poções, mas nenhuma delas levam materiais de origem humana ou animal, somente ervas, pedras e outros artefatos naturais.

O Caldeirão é outro símbolo do Sagrado Feminino, assim como o Cálice, e representa o útero cheio de vida da Deusa Mãe.

É usado também para conter velas, água e flores durante os Sabbats.

Açoite

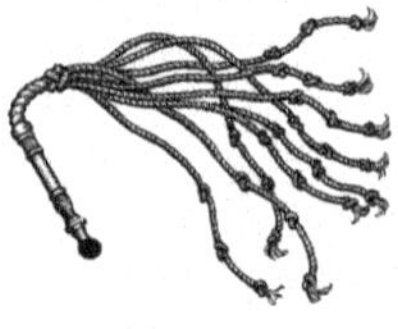

Objeto utilizado somente nas Tradições Gardneriana e Alexandrina. Alguns Bruxos alegam que o Açoite apresenta características sadomasoquistas e, por isso, preferem não o usar como parte integrante de seus artefatos mágicos. No entanto, em um ritual, o Açoite nunca é utilizado para ferir, mas sim, para dois propósitos. Um deles é para pedir que a Deusa releve atitudes negativas, enquanto a pessoa que pede a graça coloca a cabeça sobre o Pentáculo e leva algumas leves chibatas. O outro é para induzir ao transe através do ritmo de seus estalos.

Vassoura

Símbolo da união da Deusa e do Deus, o cabo de uma Vassoura representa o falo do Deus, enquanto suas cerdas simbolizam o ventre da Deusa.

É usada para limpar a área ritual onde o Círculo será lançado e para barrar as más energias quando colocada de ponta cabeça atrás da porta de entrada.

Manto

Enquanto alguns Bruxos preferem fazer seus rituais "vestidos de céu", outros optam em trabalhar com vestes cerimoniais.

O preto é a cor padrão, mas muitas vezes outras cores também são utilizadas.

Alguns Covens usam vermelho para lua cheia e branco para aqueles que ainda estão em período de aprendizado.

Geralmente um manto é confeccionado com fibras naturais. Cuidado sempre é aconselhável ao realizar rituais com vestes ritualísticas, fiquem atentos se elas são realmente feitas com tecidos à prova de fogo.

Cordas

Muitos Bruxos usam cordas de várias cores diferentes. O tamanho delas geralmente é de 9 pés (2.75 metros), o tamanho tradicional do Círculo Mágico.

As Cordas são muitas vezes usadas como parte integrante dos feitiços ou podem simplesmente ser o próprio feitiço em si quando trabalhadas corretamente. O feitiço mais tradicional é quando um número específico de nós é atado ao longo de uma corda, enquanto se recita encantamentos e afirmações a cada nó dado.

Um Bruxo geralmente terá 9 cordas de cores diferentes, cada uma com um significado específico.

Sino

O sino é usado para marcar o início e o fim dos rituais ou para chamar a atenção dos membros do Coven para algum momento importante do ritual.

Acredita-se que ele vibre deste plano para o outro criando uma ponte, onde a comunicação entre Deuses e homens torna-se possível.

Livro das Sombras

O Livro das Sombras é o Diário Mágico do praticante de Bruxaria, onde é registrado seus avanços, suas descobertas, tentativas, erros e acertos.

Quando se faz parte de um Coven é comum haver um Livro das Sombras específico, que é copiado por todos os Iniciados e que revelam os ritos sagrados da Tradição onde o Bruxo recebeu sua Iniciação.

Um Livro das Sombras geralmente possui capa e contracapa preta.

Limpando um Instrumento Mágico

Depois que um instrumento mágico é adquirido, ele deve ser "limpo" mágica e energeticamente. Todo objeto traz energias de outras pessoas que o tocaram anteriormente.

A maneira mais comum de limpeza consiste em deixá-lo enterrado por um período de 24 horas e em seguida colocá-lo sob a luz da lua cheia, recolhendo-o antes do sol nascer.

Outro jeito é submergi-lo na água corrente de uma cachoeira, mar, fonte, etc.

Depois disso, o instrumento ainda precisa ser consagrado antes de ser usado num ritual (veja página 69).

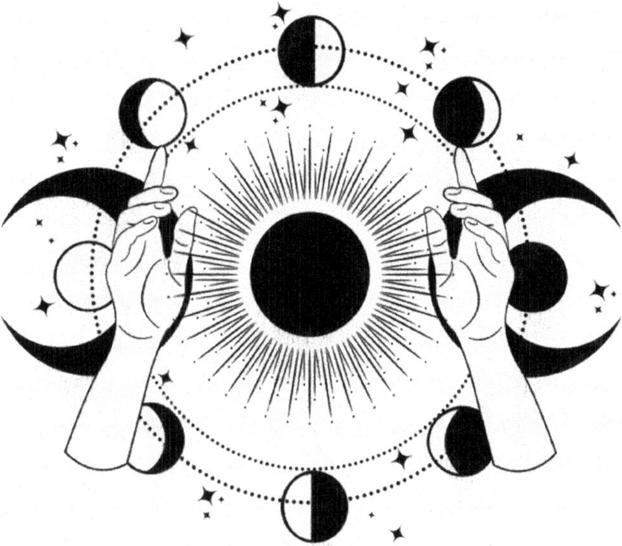

Cada ritual é um convite para celebrar a beleza em todas as suas formas.

Não apenas existimos, nós coexistimos com o mundo natural

Fazendo Magia

Todo ritual é um ato mágico, onde o Bruxo contata forças de outros mundos para provocar mudanças neste mundo. Cada praticante da Arte e cada Coven possuem suas maneiras específicas de entrar em contato com os seus Deuses, mas alguns princípios como o Círculo Mágico, Invocações aos elementos, Cone de Poder (elevar o poder) e abrir o Círculo são gerais e usados de forma semelhante por todos. Aqui estão algumas das formas mais comuns de fazer uso destes princípios.

Desenvolvendo poderes mágicos

A palavra "Magia" vem da raiz *Magi* que significa "saber, conhecer". Deduzimos, então, que Magia é o conhecimento e a sabedoria sobre determinados poderes e forças sobrenaturais que operam no mundo.

Magia é o ato de transformar nossa realidade de acordo com a nossa vontade. Presente em todas as religiões, mesmo naquelas que não admitem fazer uso dela, a Magia é qualquer ato de tentar transformar algo, trazendo mudanças favoráveis desejadas. Quando um católico acende uma vela e faz um pedido ou eleva aos mãos aos céus e entoa hinos, um muçulmano se volta para Meca e ajoelha tocando sua testa no chão ou um Bruxo realiza um ritual, todos, em tese, têm a mesma intenção: chamar a atenção de poderes superiores para provocarem alguma mudança. Isto é Magia!

Para fazer Magia precisamos de rituais, símbolos, arquétipos e ações que despertem o hemisfério direito de nosso cérebro, que propicia o estado de relaxamento, êxtase ou transe necessários para que a Magia ocorra. Só desta forma é possível entrar em contato com o nosso subconsciente, com nosso Eu e nossos diferentes tipos de Self que se comunicam um com o outro, até que estejamos em estado alterado de consciência, onde fazer Magia passa a ser tão fácil e automático quanto respirar ou piscar.

Todas as religiões possuem suas formas de alterar a consciência para que a comunicação com outros planos se estabeleça. Cânticos, mantras, toque de tambores, meditações, são apenas algumas das incontáveis técnicas utilizadas ao longo da história para que os homens contatem o Divino.

Seguem algumas delas:

Técnica de respiração

Respirar é a primeira coisa que fazemos quando nascemos, o primeiro ato mágico que desperta nossa mente e consciência. Por isso, aprender a respirar bem é a primeira coisa que um praticante de Bruxaria deve aprender, pois só assim ele conseguirá chamar a atenção de sua mente para que mudanças espirituais ou não se estabeleçam.

Vá para algum lugar na natureza, como um parque ou jardim. Sente-se e deixe sua mente vagar por alguns minutos. Quando um pensamento perturbador lhe acometer, fixe sua atenção nele por alguns minutos e então deixe-o ir. Faça isso até que sua mente se torne serena e clara.

Preste atenção à sua respiração. Inspire profundamente pelo nariz e expire pela boca. Imagine que a cada inspiração você é preenchido com energia positiva, saúde e vida, e que à cada expiração sua tensão, dores e preocupações diminuem. Faça isso seguidas vezes. Quando respirar, tenha em mente que a vida nutre você e quando expirar saiba que é você que nutre a vida. Repita o mesmo processo sucessivas vezes até sentir que está revigorado.

Quando terminar, agradeça ao elemento Ar e, a partir daí, faça de sua respiração um ato de cura e transformação de sua consciência.

Meditação da vela

Olhe fixamente para a chama de uma vela. Feche os olhos e visualize com os olhos da mente o contorno da chama.

Agora, abra os olhos e preste mais atenção desta vez na chama. Quando fechar os olhos novamente, tente visualizar a vela acesa na sua frente da forma mais real e viva possível. Faça isso várias vezes.

Esta é uma técnica de meditação muito boa para desenvolver o nosso poder de visualização, já que a maioria das práticas mágicas requer que fixemos uma determinada imagem em nossa mente durante um longo tempo, para que o desejo seja canalizado.

Cantar

Expressar em música aquilo que queremos dizer é um dos maiores dons dos humanos. Muitas vezes um cântico é usado durante um ritual para expressar nosso desejo ou nossa intenção.

Componha pequenos cânticos com frases rimadas e utilize-os durante seu rito. Se tiver alguma dificuldade em compor algo, simplesmente cante o seu desejo, expressando-o com uma única palavra, tal como amor, dinheiro, trabalho. Dê uma melodia simples às palavras, cante com entusiasmo e sinta a alteração que isso vai causar no ambiente e em sua mente.

Meditando com o tambor

Xamãs em todo o mundo sempre usaram o tambor para alterar suas consciências. O uso do tambor, com batidas ritmadas e sequenciadas é uma das mais poderosas técnicas para a indução ao transe.

Ouvir o chamado da Deusa e do Deus é ouvir a voz da natureza e da vida.

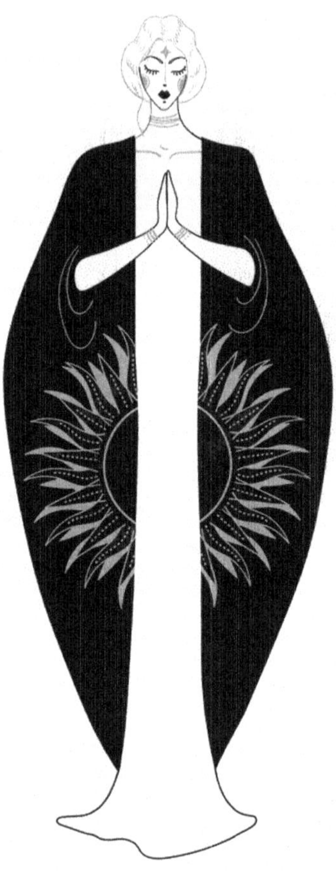

Cada ritual é um abraço no Universo.

O Ritual

Bruxos acreditam que a linguagem do mundo e do Universo é simbólica. Gestos, objetos, cores, símbolos abrem determinados portais através dos quais é possível estabelecer a comunicação com Deuses e forças sobrenaturais.

Na Bruxaria isso ocorre com a prática de rituais, que é a forma que usamos para conversar com a Deusa.

Os Bruxos acreditam que nada é imutável, que nossa vontade é a única coisa necessária para transformar o nosso destino. Esta vontade deve ser corretamente canalizada e direcionada, e é para isso que os rituais são realizados.

Rituais também são realizados simplesmente com finalidades devocionais, sem nenhum propósito específico, ou para agradecer a Deusa por alguma dádiva alcançada.

Ritos Wiccanianos são realizados tanto em locais fechados como ao ar livre, pois todos os lugares são considerados sagrados, já que o Planeta Terra é o verdadeiro templo dos Antigos Deuses.

O Círculo Mágico

Círculos são símbolos universais da totalidade, inquebrantabilidade, perfeição e comunhão com o sagrado.

Todo ritual Wiccaniano se inicia com o traçado do Círculo Mágico. Quando um Círculo Mágico é traçado, é como se estivéssemos cortando um espaço para ficarmos além deste e de outros mundos. O Círculo Mágico é uma forma simbólica utilizada para que fiquemos além do tempo, limite e espaço, num outro mundo ou dimensão. Podemos perceber isso, quando em muitas cerimônias achamos que estamos dentro de um Círculo por um espaço curto de tempo, mas na realidade, horas se passaram no mundo real.

Círculos Mágicos são utilizados também para barrar energias, deste e de outros mundos, que puderem se contrapor ao nosso ritual ou causar algum distúrbio.

A principal função do Círculo Mágico é conter o poder que é criado por meio da vontade, de cânticos, danças e práticas usadas durante a cerimônia, até que seja a hora de focá-la para a intenção desejada.

Provavelmente, os homens começaram a usar

Círculos Mágicos na tentativa de estabelecerem uma ponte de comunicação com os seus Deuses, porque a Lua, o Sol e as estrelas, que estão acima de nós, possuem forma circular.

O uso do Círculo Mágico nas práticas da Bruxaria é muito antigo e, ao contrário do que muitos alegam, nada tem a ver com resquícios da Magia Cerimonial na Wicca. Muitos Círculos de pedras são encontrados em várias partes do mundo e parecem ter sido usados para as mesmas finalidades.

Lançando um Círculo Mágico

Coloque o seu Altar no Norte e, sobre ele, disponha todos os utensílios necessários para o seu ritual. Coloque uma vela em cada ponto cardeal. O Círculo não precisa ser marcado fisicamente no chão, mas se você se sentir melhor visualizando a área delimitada, poderá marcar o Círculo no chão com giz, sal e até mesmo com um cordão com as pontas amarradas.

Tradicionalmente, um Círculo tem três metros de diâmetro, mas qualquer outro tamanho poderá ser usado com sucesso. O importante é que o seu altar e todos os utensílios que serão usados fiquem dentro do espaço delimitado pelo Círculo.

Traçando o Círculo

Pegue o Athame e então, começando do Norte, ande três vezes no sentido horário, ao redor do Círculo. A ponta do Athame deve estar apontando no sentido oposto ao seu corpo. Enquanto anda pelo Círculo, visualize uma luz azul, dourada ou branca saindo pela ponta do Athame e criando uma parede circular ou uma esfera ao seu redor. Faça isso dizendo:

Eu traço este Círculo ao meu redor em nome da Deusa e do Deus.
Que eu esteja entre os mundos e que este Círculo seja uma barreira inquebrantável contra todas as energias não desejadas ou contrárias às minhas intenções.
Que nenhum mal nele entre, que dele nenhum mal saia.
Que assim seja e que assim se faça!

Coloque o pires com sal sobre o seu Pentáculo, insira o seu Athame e diga:

Abençoada seja criatura da Terra.

Coloque o Cálice com água sobre o Pentáculo, insira o seu Athame nele e diga:

Abençoada seja criatura da Água.

Com o seu Athame coloque três pitadas de sal dentro da água e diga:

Terra e Água unidos, tragam suas bênçãos.

Agora, ande ao redor do Círculo, respingando a água do Cálice no perímetro do Círculo e diga:

Ó Círculo de Mistérios,
pela Terra e Água eu te abençoo e purifico no nome da Deusa e do Deus.

Ande com o incensário ao redor do Círculo e diga:

Eu abençoo e purifico este Círculo com o elemento Ar no nome da Deusa e do Deusa

Ande agora com uma das velas do Altar ao redor do Círculo e diga:

No nome da Deusa e do Deus, que este Círculo seja Abençoado e purificado com o elemento Fogo.

O Círculo está traçado e purificado através dos quatro elementos da natureza.

Agora é hora de invocar os poderes destes quatro elementos dentro do Círculo, para que tragam suas bênçãos ao seu ritual.

Os Quadrantes

Os quatro elementos mais antigos, conhecidos desde a tempos imemoriais como a divisão onde todas as coisas se manifestam são: Terra, Ar, Fogo e Água.

Este ponto de vista mudou um pouco com o avanço da ciência, mas os quatro elementos ainda são aceitos na Magia, pois estão muito mais ligados às emoções e à psique humana. Todos nós vivemos nestes quatro níveis, estamos sujeitos a eles e neles nos manifestamos.

Desde tempos imemoráveis, todas as operações mágicas se basearam nos quatro elementos da natureza. Eles são as forças e as qualidades das energias no mundo astral.

Sem esses elementos naturais, a vida jamais seria possível, já que ela é movida e sustentada por eles, assim como o Universo e tudo o que nele existe.

Os quatro elementos da natureza estão relacionados aos quatro pontos cardeais:

- Norte: Terra
- Leste: Ar
- Sul: Fogo
- Oeste: Água

Os trabalho mágicos com os elementos são efetivamente importantes no processo de compreensão de nossa própria natureza humana e como ela se expressa no mundo.

Com base nos elementos da natureza, entramos em contato direto com suas forças e com seus poderes em todos os âmbitos de nossa vida.

Esses elementos podem ser visíveis ou invisíveis e sua Magia é acessada diretamente pelo contato com a natureza.

Os quatro elementos são forças e energias que constituem o Universo e tudo o que nele existe. Eles possuem formas e poderes. Cada elemento possui determinadas qualidades, naturezas e atributos.

Os espíritos ou seres dos elementos estiveram presentes em muitas culturas, particularmente nas culturas gregas, romanas e celtas.

Agora que o Círculo está traçado é hora de invocar o poder dos quatro elementos para o seu ritual. Veja os atributos mais comuns associados aos elementos e invoque-os como indicado.

NORTE

Norte é o reino do elemento Terra, onde residem os poderes da REALIZAÇÃO. A Terra está associada à abundância, riqueza e prosperidade. Sua cor é o verde.

Invocando a Terra

Volte-se para o Norte. Com o seu Athame, trace um Pentagrama Invocante da Terra enquanto diz:

Eu invoco os Guardiões das
Torres de Observação do Norte.
Poderes da Terra, tragam sua
força, estabilidade e poderes de
concretização ao meu ritual.
Sejam bem-vindos!

LESTE

O Leste é o reino do elemento Ar, onde residem os poderes da **sabedoria**. O Ar está associado à mente, ao intelecto e *à* criação. Sua cor é o amarelo.

Invocando o Ar

Volte-se para o Leste. Com o seu Athame, trace um Pentagrama Invocante do Ar, enquanto diz:

Eu invoco os Guardiões da Torres
de Observação do Leste.
Poderes do Ar, tragam sua
inspiração, luz e sabedoria ao meu
ritual.
Sejam bem-vindos!"

SUL

O Sul é o reino do elemento Fogo, onde residem os poderes da **mudança**. O Fogo está associado à vontade, paixão e ao impulso. Sua cor é o vermelho.

Invocando o Fogo

Volte-se para o Sul, trace um Pentagrama Invocante do Fogo e diga:

Eu invoco os Guardiões das
Torres de Observação do Sul.
Poderes do Fogo, tragam
o seu vigor, dinamismo e
coragem ao meu ritual.
Sejam bem-vindos!

OESTE

O Oeste é o reino do elemento Água, onde residem os poderes da EMOÇÃO. A Água está associada à purificação, germinação e ao subconsciente.

Invocando a Água

Volte-se ao Oeste e, traçando um Pentagrama Invocante da Água, diga:

Eu invoco os Guardiões das
Torres de Observação do Oeste.
Poderes da Água, tragam sua
fluidez, amor e compaixão ao
meu ritual.
Sejam bem-vindos!

Invocações e Cânticos de Poder

Depois de invocar o poder dos elementos, o próximo passo é invocar a presença da Deusa e do Deus no ritual.

A presença das energias elementais no ritual torna a área em um lugar condigno a receber os Antigos Deuses.

A Deusa e o Deus podem ser invocados através de cânticos, gestos, leitura de textos sagrados, recitação de poesias e de outras inúmeras formas.

Invocações aos Deuses

Invocar significa "chamar", "trazer à presença", "fazer algo se tornar presente". Os Wiccanianos sempre invocam seus Deuses aos seus rituais e práticas mágicas.

Aqui estão exemplos de duas invocações que podem ser feitas logo depois que o Círculo é traçado e os elementos são invocados. Essas invocações são um convite sagrado para que os Deuses estejam presentes e participem dos rituais e práticas mágicas dos Wiccanianos. Uma delas é direcionada à Deusa, a suprema Mãe divina, representação do feminino sagrado e da fertilidade. Os Wiccanianos a chamam com palavras de amor e reverência, evocando sua energia acolhedora e curadora. A outra invocação é voltada para o Deus, o Senhor da Vida e da Morte, símbolo do masculino divino e da força vital. Ele é convidado com palavras de coragem e respeito, buscando sua proteção e orientação. Essas invocações estabelecem uma conexão profunda entre os praticantes e os Deuses, criando um espaço sagrado onde suas energias podem fluir livremente e manifestar-se na realidade material.

Invocação à Deusa

Eu invoco você Deusa,
que é a semente que germina
na primavera,
o campo do verão e as
árvores com neve no bosque
do inverno.
Deusa dos Dez Mil Nomes,
Sua presença pode ser sentida
em tudo,
pois sem você nada pode
prosseguir
e com você tudo é possível.

Venha Grande Mãe,
adentre neste Círculo e me abençoe,
pois sou sua Criança e retorno a você em amor.

Invoco você Senhora,
que nos dá as dádivas das canções que surgem do
coração,
a alegria do pôr do sol no outono
e o refrescante toque das águas.
Você que é a Incriada e a Criadora,
a beleza dos céus e da Terra,
a Deusa Tripla, Donzela, Mãe e Anciã,
plena em suas sagradas faces.

Venha Grande Mãe,
adentre neste Círculo e me abençoe,
pois sou sua Criança e retorno a você em amor.

Que a Lua guie meus caminhos
e que as estrelas iluminem minha jornada
rumo a Você, Mãe das Mães.
Abençoada seja, Joia Guia, Joia da Noite
Abençoada seja, Grande Mãe do Mundo.
Abençoada seja, Senhora dos Céus.
Abençoada seja, Rainha das Estrelas.
Abençoada seja, em suas múltiplas faces e infinitos
nomes.

Venha Grande Mãe,
adentre neste Círculo e me abençoe,
pois sou sua Criança e retorno a você em amor.

Invocação ao Deus

Eu invoco o Deus, o filho,
o irmão,
o amante e consorte da Deusa.
Você que é o Cervo que caminha
pela floresta,
o mar que recebe as ondas e o sol
que aquece a Terra.

Venha Galhudo,
adentre em meu Círculo de luz
e amor e traga sua alegria e
jovialidade ao meu rito.

Invoco você Deus,
que conduz a Dança Espiral da vida, morte e
renascimento.
Você que é a vida abundante,
a morte da colheita no outono
e o grão que nasce e cresce.

Venha Galhudo,
adentre em meu Círculo de luz e amor
e traga sua alegria e jovialidade ao meu rito.

Invoco você Deus,
que é o Guardião dos Portões existentes
entre a vida e a Morte,
o rei do Outromundo.

Venha Galhudo,
adentre em meu Círculo de luz e amor
e traga sua alegria e jovialidade ao meu rito.

Traga sua força, esperança e paz,
pois tudo o que você é vem da Grande Mãe,
que é a Mãe de tudo.

Venha Galhudo,
adentre em meu Círculo de luz e amor
e traga sua alegria e jovialidade ao meu rito.

Cânticos

Cantar sempre foi considerado um ato sagrado em todas as religiões. Bruxos usam cânticos como forma de alterar suas consciências e estabelecer conexão com os antigos Deuses. Em todo o mundo, cânticos são usados em cerimônias Wiccanianas, seja para invocar a Deusa e o Deus, chamar a presença de uma determinada energia, induzir ao transe ou simplesmente celebrar.

Aqui, encontram-se alguns dos cânticos tradicionais da Religião Wiccaniana.

Donzela, Mãe e Anciã

Amada caçadora Ártemis, Ártemis.
Donzela, venha a nós!

Resplandecente Deusa Lunah, Lunah.
Mãe, venha a nós!

Transformadora e sábia Hécate, Hécate.
Anciã, venha a nós!

Mãe eu te sinto

Mãe eu te sinto sob os meus pés,
o seu coração eu posso escutar.
Mãe eu te sinto sob os meus pés.
o seu coração eu posso escutar.

Heya Heya
Ya Heya Heya Ho
Heya Heya Heya
Heya Heya Ho

Terra meu corpo

Terra meu corpo
Água meu sangue
Ar meu sopro
Fogo meu espírito

Ar eu sou

Ar eu sou
Fogo eu sou
Água, Terra, Espírito eu sou

Ar move

Ar move
Fogo transforma
Água forma
Terra cura

E a Roda vai girando, vai girando
E a Roda vai girando vai

Eu sou o Círculo

Eu sou o Círculo e nele você me cura
Você é o Círculo e nele eu te curo

Unidos no Círculo somos um
Unidos no Círculo somos um

Puxando a Lua Para Baixo

Uma das cerimônias mais belas da Bruxaria, o ritual de "Puxar a Lua para Baixo", ocorre internamente nos Covens. É quando a Sacerdotisa personifica a Deusa e torna-se o receptáculo de Sua energia.

Este ritual é realizado nos Esbats (ritos de lua cheia) e geralmente é performado por uma Sacerdotisa experiente nas práticas Wiccanianas, pois ela irá ceder seu corpo, sua mente, seu coração e voz para que a Deusa atue através dela por alguns instantes.

Tradicionalmente, este ritual é usualmente encenado por um Sacerdote e uma Sacerdotisa iniciados, onde o homem invoca a energia da Deusa no corpo da mulher, mas pode ser adaptado para a prática solitária.

A Sacerdotisa eleva seus braços aos céus, assumindo assim a posição da Deusa, enquanto o Sacerdote se ajoelha à sua frente. Ele toca o seu Bastão no seio direito da Sacerdotisa, depois no seio esquerdo, no ventre dela e, então, seio direito novamente. O

Sacerdote repete o mesmo processo por três vezes. Desta forma, ele está traçando um triângulo com a vértice para baixo, um dos símbolos mais antigos do Sagrado Feminino, invocando a energia da Deusa sobre o corpo da Sacerdotisa.

Enquanto o Sacerdote faz isso, ele diz:

> Eu te chamo, Grande Mãe.
> Deusa da Bruxaria,
> Antiga, sem começo nem fim.
> Sábia do Caldeirão,
> Nutridora e Destruidora,
> cujos caminhos são uma eterna indagação.
> Venha, nós te chamamos
> que possamos conhecer suas palavras
> e desígnios através de sua Sacerdotisa.

Se a Sacerdotisa for bem experiente nas práticas de transe, ela deixa a própria Deusa falar através dela ou então recita uma das inúmeras Cargas da Deusa que tenha decorado previamente:

> Eu sou a Grande, a Criadora, a Mãe, Sustentadora de tudo.
> Eu sou a centelha da vida, o grão, o Espiral.
> Eu sou tudo aquilo que sempre foi e aquilo que sempre será.
> Eu tenho sido chamada por muitos nomes: Ísis, Ishtar, Erda, Rhea, Gaia, Hécate, Brigit, Grande Mãe, a Tecelã.
> Minha força tem sido inevitável. Não existe poder sobre a Terra ou abaixo dos céus que possa parar minha fiação ou reduzir minha criação dinâmica.
> Como Grande Mãe, eu dou vida a todos os seres animais, humanos, vegetais, minerais. Eu dei vida ao pensamento, sabedoria, trabalho, inspiração, criatividade, paciência, persistência e mudança.
> Eu sou Aquela que o induz a seguir adiante e lhe dá esperança eterna. Eu estou sempre presente em tudo o que você executa.

Eu nutro, curo, toco, abençoo, conforto e torno completo tudo o que está incompleto. Eu estou dentro de você e basta que olhes para dentro de si para encontrar minha eterna presença. Eu tenho estado com você desde o início e eu sempre estarei contigo quando precisar de conforto.
Quando a Terra parece estar estéril, eu apenas me recolhi. Mas a minha energia de doação de vida se torna um botão, como a primavera que esconde a semente, esperando brotar novamente. Sem mim o mundo não pode crescer, a vida não pode se renovar a cada girar da Roda.
Em alguns períodos minha fecundidade pode não ser visível, mas meu poder está profundamente dentro da Terra, dentro do espiral, dentro do ciclos das mulheres e estará sempre lá, para todos os que sabem olhar por entre os véus.
Não se esqueçam! Todas as mulheres são criadoras sem tempo ou espaço. O poder feminino representa a maior força da mudança e sustento da Terra, pois ele surge através de mim, que sou a Incriada, a Mãe das Mães, a Sacerdotisa das Sacerdotisas.

Consagrando e abençoando

Depois que o Círculo Mágico foi traçado, os elementos invocados e a Deusa e o Deus convidados para o ritual, segue-se então o trabalho mágico propriamente dito.

Pode ser tão simples como a realização de um feitiço ou de um sortilégio, ou tão complexo quanto uma Iniciação.

Se houverem instrumentos, amuletos ou objetos que ainda não foram previamente consagrados, isso deve acontecer nesta fase do ritual. O mesmo se aplica às ervas, pedras, papéis ou demais utensílios a serem usados no rito.

Consagrando os utensílios para o ritual

São necessários:

- Um pires com sal
- Um incenso
- Uma vela vermelha
- Um cálice com água e sal

Passe o objeto no sal e diga:

Eu te consagro, abençoo e purifico pelos poderes da Terra.
Eu apago sua memória passada para que você se torne um objeto do meu desejo e sirva aos trabalhos da Arte.

Repita as mesmas palavras, alterando apenas "poderes da Terra" da primeira linha para "poderes do Ar", enquanto passa o objeto através da fumaça do incenso. Depois na chama da vela, trocando as palavras para "poderes do Fogo". E, por último, respingue algumas gotas de água, seguindo o mesmo exemplo, mas com as palavras "poderes da Água".

Toda prática na Wicca é realizada dentro de um Círculo. Por isso, quando adquirimos um instrumento mágico, ele precisa ser consagrado antes de ser usado. Se estiver trabalhando solitariamente e ainda não tiver nenhum instrumento consagrado com o qual possa traçar o seu primeiro Círculo, poderá desenhá-lo com sal ao seu redor e sacralizar suas ferramentas dentro dele usando as mesmas palavras indicadas anteriormente.

O Grande Rito

Grande Rito é o nome que se dá para o momento em que a bebida ritual é consagrada. Geralmente acontece no final da cerimônia, porém algumas tradições preferem realizá-lo no início da prática ritualística.

Também chamado de "o Grande Casamento" ou "Grande Ritual", esse rito representa a união da Deusa e do Deus e traz as bênçãos deles àqueles que estiverem presentes na cerimônia.

Na maioria das vezes, a bebida utilizada para o ritual é o vinho, pois ele simboliza o sangue, a própria vida. No entanto, qualquer outro líquido como água, cidra, chá ou suco de uva pode ser utilizado para os mesmos propósitos.

O Sacerdote insere o Athame dentro do Cálice, que é segurado pela Sacerdotisa enquanto dizem palavras semelhantes a estas:

Que o que foi invocado pelo Athame,
esteja contido na Taça.
A União da Mãe e do Pai é aqui representada.
Que este vinho traga saúde, sucesso, vida e bênçãos.
Que assim seja e que assim se faça!
Blessed Be!

Blessed Be é um termo comum utilizado entre os Bruxos e significa "Abençoado Seja", uma forma simples de bênção.

Rituais Solitários podem ser realizados da mesma maneira, enquanto você segura o Cálice com a mão esquerda (lado da Deusa) e o Athame com a mão direita (lado Deus) mergulhando-o no vinho.

Abençoando a comida ritual

A Comida Ritual faz parte de toda cerimônia Wiccaniana. O "Banquete", como também é chamada, pode ser constituído de alimentos como pães, biscoitos, bolo, frutas, etc. Eles representam a abundância da Mãe Terra e, quando compartilhados, também simbolizam o elo que nos une como irmãos que partilham as dádivas da mesma Mãe.

Todos os alimentos são tocados com o Bastão, enquanto se diz palavras semelhantes às que se seguem:

> Eu abençoo estes alimentos para que tragam abundância e plenitude.
> Nós agradecemos sua bondade e bênçãos, Grande Mãe.
> Que assim seja e que assim se faça!

Os alimentos então são passados no sentido horário (deosil) para que todos os presentes possam comer.

Destraçando o Círculo Mágico

Quando um Círculo Mágico é traçado, ele sempre precisa ser destraçado ao final do ritual.

Isso assegura que todas as energias que foram invocadas, como Deuses e espíritos, sejam dispensadas e retornem ao seu lugar de origem.

NORTE

Volte-se para o Norte e trace com o seu Athame um Pentagrama Evanescente da Terra, enquanto diz:

Eu agradeço aos Guardiões
Das Torres de Observação
do Norte. Poderes da Terra,
obrigado por terem trazido
sua força, estabilidade e
poderes de concretização
do meu ritual.
Sigam em paz!

LESTE

Volte-se para Leste e trace com o seu Athame um Pentagrama Evanescente do Ar, enquanto diz:

Eu agradeço aos Guardiões
Da Torres de Observação
do Leste. Poderes do Ar,
obrigado por terem
trazido sua inspiração, luz
e sabedoria ao meu ritual.
Sigam em paz!

SUL

Volte-se para o Sul e trace um Pentagrama Evanescente do Fogo, dizendo:

Eu agradeço aos Guardiões
Das Torres de Observação
do Sul. Poderes do Fogo,

OBRIGADO POR TEREM TRAZIDO O SEU VIGOR,
DINAMISMO E CORAGEM AO MEU RITUAL.
SIGAM EM PAZ!

OESTE

Volte-se para o Oeste e trace um Pentagrama Evanescente da Água, dizendo:

EU AGRADEÇO AOS
GUARDIÕES DAS TORRES DE
OBSERVAÇÃO DO OESTE.
PODERES DA ÁGUA,
OBRIGADO POR TEREM
TRAZIDO SUA FLUIDEZ, AMOR E
COMPAIXÃO AO MEU RITUAL.
SIGAM EM PAZ!.

Volte-se para o Norte novamente e agradeça à Deusa e ao Deus com palavras semelhantes a estas:

DEUSA E DEUS, SENHORA E SENHOR,
AGRADECEMOS POR SUAS BÊNÇÃOS,
PELO SEU PODER, PELO SEU CÍRCULO.
SIGAM EM PAZ!

Pegue o Athame e, então, começando do Norte, ande três vezes no sentido anti-horário (*widdershins*) ao redor do Círculo. Enquanto anda, visualize a luz do perímetro do Círculo entrando pela ponta do seu Athame e se instalando dentro do seu ser. Visualize a luz brilhando dentro de você.

Apague as velas e retorne a sua consciência normal.

Aterrando

Depois que o ritual termina, algumas pessoas podem se sentir um pouco desconfortáveis. Isso acontece, porque, durante o ritual, ficamos entre os mundos por um espaço de tempo, aparte do plano mundano. Muita energia mágica pode ser canalizada para o nosso mundo durante o decorrer do ritual. Isso algumas vezes pode provocar uma sobrecarga energética, sendo prejudicial para a realização dos propósitos pelo qual a cerimônia foi realizada. Para que isso não aconteça, é necessário que você aterre a energia em excesso. Umas das formas mais clássicas de fazer isso é sentar-se no chão e espalmar suas mãos e pés no solo. Sinta a energia em excesso fluir para o interior da Terra. Perceba a calma, a força e a resistência deste elemento. Permaneça assim por alguns minutos. Quando se sentir pronto, agradeça à Terra.

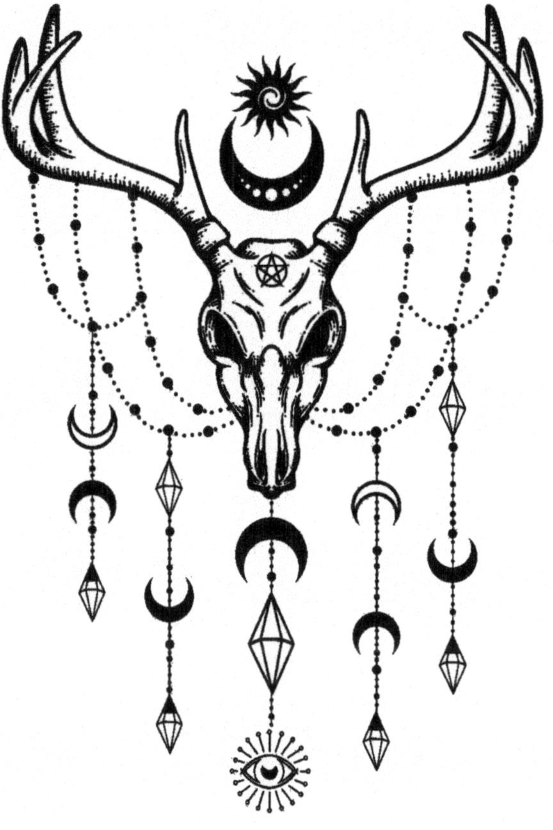

Em cada folha, em cada pedra, em cada animal, a Wicca nos ensina a ver o divino.

Os Sabbats da Wicca celebram a dança do sol, da lua e das estrelas.

Sabbats

Sendo a Wicca uma religião que celebra a natureza, nada mais lógico que suas cerimônias sagradas levem em consideração a mudança das estações do ano.

Estas celebrações são chamadas de "Sabbats", que são os oito ritos celebrados na Bruxaria com músicas, cantos, danças e festejos especiais que dão graças à Deusa Mãe pela continuidade ininterrupta da harmonia dos ciclos da natureza.

Sabbats, momentos de celebrar a vida

A palavra Sabbat vem do grego *Sabatu* que significa "descansar".

Os Sabbats são as oito celebrações mais importantes do calendário litúrgico Wiccaniano e representam o eterno ciclo de nascimento, vida e morte do Deus Cornífero, que é o próprio Sol. Eles representam a personificação do antigo calendário agrícola europeu de plantio, fertilização e colheita.

A celebração dos Sabbats era o momento onde os homens agradeciam aos Deuses pela colheita e garantiam a continuidade da abundância por meio dos rituais.

SAMHAIN

31 de outubro - Hemisfério Norte
01 de maio - Hemisfério Sul

Pronunciado *Sou-ein*, este é Sabbat de celebração aos ancestrais e o Ano Novo Wiccaniano.

A atual festa do Halloween tem suas origens nesta antiga celebração celta, onde abóboras tomavam a forma de faces e eram iluminadas com velas em seu interior para afastar os maus espíritos.

Samhain é o momento onde o véu que separa o mundo dos homens do mundo dos Deuses está mais fino e os elementais, espíritos e Deuses podem andar livremente em nosso mundo e nós no deles.

Ritual de Samhain

Depois de traçar o Círculo, volte-se para o Oeste, o quadrante consagrado aos ancestrais e à morte e diga:

Esta é a noite de Samhain
o Véu está fino, estamos entre os mundos.
Este é o tempo que não é nenhum tempo
o Véu está fino, estamos entre os mundos.
Esta é noite de Samhain,
quando lembramos de todos que partiram.
Esta é a noite de Samhain,
que traz o inverno, a véspera de um novo tempo.
Este é momento de banir a negatividade de nossa vida,
assim poderemos conhecer as bênçãos do novo ano.
Esta é a noite de Samhain, a noite que não é uma noite,
o tempo entre o tempo.
É quando nos reunimos para viajar à um lugar que

Não é um lugar.
Que o Guardião dos Portais viaje comigo através do fogo aceso em nossas mentes.
Que o Guardião dos Portais viaje comigo através do fogo aceso no Caldeirão da regeneração, que é o ventre da Deusa.
Que o Guardião dos Portais viaje comigo através dos fogos de Samhain,
o fogo da lembrança, o fogo do amor em honra e lembrança de nossos antepassados.
Que assim seja e que assim se faça!

Acenda uma vela laranja no interior do seu Caldeirão e relembre todos os seus ancestrais e pessoas que foram importantes em sua vida e já morreram.

Atividades para Samhain

- Fazer um altar para os ancestrais, com fotos e objetos de pessoas queridas falecidas.
- Queimar pedidos.
- Fazer uma máscara de abóboras e colocar na frente de sua casa.
- Momento para a prática de ritos de vidência e divinação.

YULE

Por volta de 20 de dezembro – Hemisfério Norte
Por volta de 20 de junho – Hemisfério Sul

É o Solstício de Verão, o Sabbat onde celebra-se a morte da luz e o renascimento do Deus Sol. Yule marca o período onde os dias irão se tornar paulatinamente mais longos que a noite, daí a ideia de que o Sol estaria renascendo. A Deusa é celebrada como a Mãe que dá nascimento à Criança da Promessa.

Ritual de Yule

Coloque uma vela dourada no Caldeirão e deixe-a apagada. Trace o Círculo Mágico e então diga:

Senhora do Sol
Senhora da Lua
Senhora dos Chifres
Senhora do Fogo
Traga até nós a Criança da Promessa
Ilumine o Sol
Ilumine a Lua
Ilumine os chifres,
Ilumine o Fogo
Que a sua luz de novo volte a brilhar,
Quando o Sol se levantar
Sol dourado das montanhas, dos campos e do mar.

Volte-se para o Leste e diga

Deus do Sol, Filho e Consorte da Mãe,
retorne com sua luz.
Que ela se espalhe por todo o mundo,
despertando a Criança Interior
que existe em cada um de nós.
Que o nosso coração e mente sejam livres
com o seu retorno!

Acenda a vela e contemple sua chama por alguns instantes meditando sobre o tema "luz e sombras".

Atividades para Yule

- Decorar uma árvore com bolas, simbolizando a fertilidade.
- Tocar sinos para homenagear as fadas.
- Cantar com a família.

IMBOLC

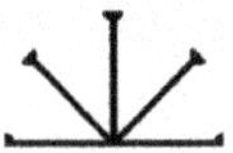

02 de fevereiro – Hemisfério Norte
01 de agosto – Hemisfério Sul

Imbolc é um Sabbat do fogo, da fecundidade e da nutrição. Em tempos remotos, essa era a época em que as ovelhas iniciavam seu período de lactação, por isso acreditava-se que era a fase onde a Deusa se recuperava do nascimento do Deus e o alimentava.

Também era o período onde os campos de plantação eram purificados pelo fogo e as sementes eram abençoadas para o plantio.

Ritual de Imbolc

Faça um Círculo com 13 velas vermelhas e diga as seguintes palavras à cada vela acesa:

Que os Fogos de Imbolc tragam purificação.
Que a Senhora da Primavera se aproxime
e traga suas bênçãos ao mundo.

Eleve as mãos e diga:

Acendo estas velas iluminando os caminhos,
para a primavera passar.
Deusa nos ensine e nos guie,
aquecendo os nossos corações com o seu amor.
Este é o Fogo da purificação, o Fogo de Brigit.
Brigit dos Bardos,
Brigit das Fontes,
Brigit do cabelo entrelaçado,
Brigit dos bosques,
Brigit dos pássaros que cantam trazendo alegria.
Deusa, ensine-nos e nos guie,
aquecendo os nossos corações com o seu amor.

Atividades para Imbolc

- Varrer a sua casa com uma Vassoura Mágica.
- Limpar seu altar e seus Instrumentos Mágicos.
- Acender uma vela em cada janela da casa.
- Queimar todos os enfeites de Yule.

OSTARA

Por volta de 20 de março – Hemisfério Norte
Por volta de 20 de setembro – Hemisfério Sul

Ostara é o Equinócio da Primavera, momento de celebrar o retorno das flores como dádivas da Deusa aos seus filhos e reafirmação da promessa de um ciclo pleno e abundante nas futuras colheitas.

Celebra-se também a restauração do equilíbrio no mundo, já que nesta data, dia e noite possuem o mesmo tempo de duração.

Ritual de Ostara

Enfeite seu Altar com flores multicoloridas. Pinte um ovo cozido enquanto mentaliza um desejo. Acenda uma vela azul dentro do Caldeirão e, com o ovo na mão, diga:

> A natureza renasce,
> e por onde a Deusa passa,
> flores nascem aos seus pés.
> A Donzela retorna,
> a vida nasce novamente
> o botão das flores traz a promessa
> de um novo tempo.
> Abençoada seja a primavera, a esperança e a alegria.
> Abençoada seja a Deusa Fertilizadora,
> que abençoa a Terra com sua bondade.

Coloque o ovo nos pés de uma árvore para que seu desejo seja fertilizado.

Atividades para Ostara

- Colher flores.
- Pintar ovos e presenteá-los.
- Fazer um jardim ou plantar flores e árvores.

BELTANE

01 de maio – Hemisfério Norte
31 de outubro – Hemisfério Sul

Beltane é o Sabbat onde a fertilidade está em sua plenitude. A luz do sol cresce mais a cada dia e funde-se à Terra fecundando-a. Entre os povos celtas isso simbolizava a união da Deusa e do Deus, que fertilizava as sementes e os frutos da terra.

Ritual de Beltane

Coloque um pouco de álcool em gel dentro do seu Caldeirão e acenda-o. Deposite algumas folhas de louro no fogo do Caldeirão como oferenda e diga:

> Espírito do Fogo, Fogo de Bel,
> acendo as suas chamas.
> Que a união da Deusa e do Deus fecunde a Terra
> e traga abundância ao mundo.
> Agora é a hora da celebração,
> da alegria, da fertilidade e do riso.
> Abençoado seja Beltane,
> que traz a luz do fogo e o verão.

Respingue algumas gotas de água nas chamas do Caldeirão, representando assim a união do fogo do

Deus com a água da Deusa, e pule o Caldeirão, pedindo por purificação.

Atividades para Beltane

- Guardar as cinzas das folhas de louro para serem utilizadas em encantamentos.
- Lavar a face no orvalho.
- Fazer uma guirlanda de flores para usar no ritual.
- Fazer uma oferenda de flores para um rio.

LITHA

Por volta de 20 de junho – Hemisfério Norte
Por volta de 20 de dezembro – Hemisfério Sul

Litha é o Solstício de Verão, onde o Sol encontra-se no ápice de seu poder e força. Neste período, celebra-se a luz, o calor e o amadurecimento das colheitas. Litha é o dia mais longo do ano, assim, a partir deste momento, o Deus começa sua partida ao Outromundo e a escuridão crescerá.

Ritual de Litha

No dia de Litha contemple o nascer do sol e acenda uma vela amarela, uma laranja e uma vermelha em homenagem ao Rei Solar, enquanto diz:

Rei Solar, hoje é o dia de sua plenitude.
Abençoe nossa terra para a colheita,
para que a semente de nossos sonhos amadureça.
Rei Solar, você que traz a luz,
eu celebro sua plenitude,
eu celebro sua luz e suas bênçãos,
eu celebro sua força purificadora.
Abençoado seja, Senhor.

Sinta o calor das velas com a palma de suas mãos e, quando elas estiverem levemente aquecidas, passe-as pelo seu corpo trazendo a energia do fogo para junto de você. Imagine-se como um grande sol luminoso.

Atividades para Litha

- Colher ervas e plantas mágicas.
- Fazer oferenda ao Povo das Fadas.
- Pendurar ervas em sua cozinha para secarem.

LAMMAS

01 agosto– Hemisfério Norte
02 de fevereiro – Hemisfério Sul

É a primeira colheita, dedicada à maduração dos frutos e colheita das sementes e cereais, principalmente o trigo e o milho. Neste momento, Deus faz seu primeiro sacrifício, como o grão renascido, para nutrir o povo da Deusa. Lammas é o Sabbat do pão, que traz o tema da dádiva das colheitas e dos mistérios do renascimento presente em cada semente.

Ritual de Lammas

Faça um pão com suas próprias mãos e coloque-o sobre o seu Altar. No meio do pão, posicione uma vela laranja, acenda-a enquanto diz:

> O Deus Sol fez as colheitas amadurecerem,
> o milho e trigo foram colhidos,
> a fartura e a abundância se espalham pelo mundo.
> O Deus Sol, através da Deusa, trouxe o pão da vida.
> É hora de celebrar a prosperidade da Terra e a
> bondade da Grande Mãe.

Coma um pedaço do pão e depois, divida-o com as pessoas amadas.

Atividades para Lammas

- Fazer pão.
- Fazer uma boneca de milho e guardá-la para o próximo Lammas.
- Coletar água das chuvas para usar em seus rituais.
- Consagrar ramos de trigo e presentear pessoas queridas.

MABON

Por volta de 20 de setembro – Hemisfério Norte
Por volta de 20 de março – Hemisfério Sul

Mabon é o Equinócio de Outono. Mais uma vez a força da Deusa e do Deus está em equilíbrio, já que dia e noite novamente vão ter o mesmo tempo de duração. É a segunda colheita, associada às uvas e ao vinho. Mabon é a Ação de Graças dos Pagãos, é o momento de meditarmos sobre o que é importante deixarmos para trás em nossa vida.

Ritual de Mabon

Coloque uma vela marrom no interior do seu Caldeirão, espalhe grãos de diferentes tipos no seu Altar e então diga:

Este é o momento da colheita,
que esta celebração abençoe o solo e o grão.

A Deusa Mãe distribui sua fartura,
e o Deus é o Grão renascido.
Juntos, eles trazem os frutos maduros,
ervas e raízes.
Abençoada seja a Deusa,
que em sua bondade nos nutre.
Eu agradeço pelo alimento em minha mesa.
Eu agradeço pela família que meu deu vida.
Eu agradeço por todos aqueles
que tenham se sacrificado por mim.
Eu agradeço por todos os meus sacrifícios,
que alguma coisa me ensinara.
Eu agradeço por este dia, por este Círculo.
Eu agradeço por minha vida.

Coloque alguns grãos dentro do Caldeirão enquanto continua a agradecer as boas coisas que a vida lhe tem proporcionado.

Atividades para Mabon

- Fazer um almoço especial para a família e pessoas queridas.
- Construir uma cornucópia com grãos, moedas, frutas, etc.
- Dia ideal para destinar a causas sociais e ações beneficentes.

A Wicca nos ensina que cada amanhecer e anoitecer é um milagre a ser apreciado.

Esbats

Os Esbats também fazem parte do calendário litúrgico Wiccaniano e são realizados no primeiro dia de lua cheia, quando celebram a face Mãe da Deusa.

Este é o melhor momento para prática de feitiços e divinação. Existem 13 rituais de Esbat no período de um ano, de acordo com os antigos calendários lunares de 28 dias com 13 meses.

Alguns Bruxos dizem que qualquer ritual que não seja um Sabbat é um Esbat, enquanto outros afirmam que Esbats ocorrem somente na primeira noite de lua cheia.

Um Rito de Esbat

Depois de traçar o Círculo Mágico, acenda uma vela branca dentro do seu Caldeirão, encha seu Cálice com água. Apresente-o às quatro direções e depois eleve-o em direção à Lua. Com os olhos fechados, imagine que, iluminado pelo luar, seu Cálice começa a transbordar uma luz perolada que banha todo o seu ser. Quando isso acontecer, diga:

Lua Bela e plena,
Grande Deusa, Incriada e Criadora.
Que a sua luz brilhe para todos
e flua através de todos.
Mostre-me os caminhos que me levam a você.
Ensina-me, guia-me, nutra-me.

Beba a água do Cálice, despeje algumas gotas no chão como oferenda à Deusa e então olhe fixamente para a Lua. Com as suas mãos, faça como se estivesse trazendo a luz lunar para o seu corpo e cante:

Lua, Mãe Lua,
brilha fulgurante,
venha sorrindo pra mim,
com seu véu brilhante.
Lua, Mãe Lua,
o seu brilho cresce,
revele os segredos que você conhece.

Medite por alguns instantes, agradeça aos poderes invocados e destrace o Círculo Mágico.

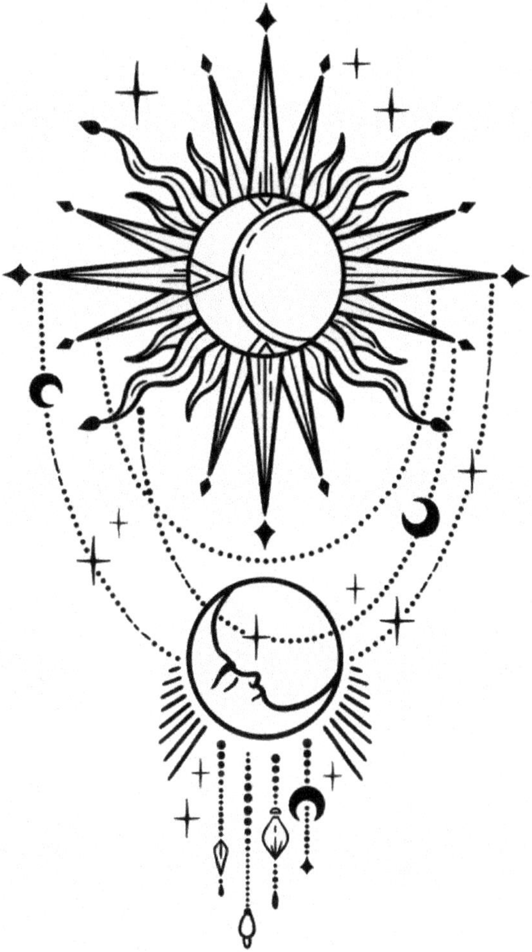

A Wicca é a arte de encontrar o sagrado na simplicidade.

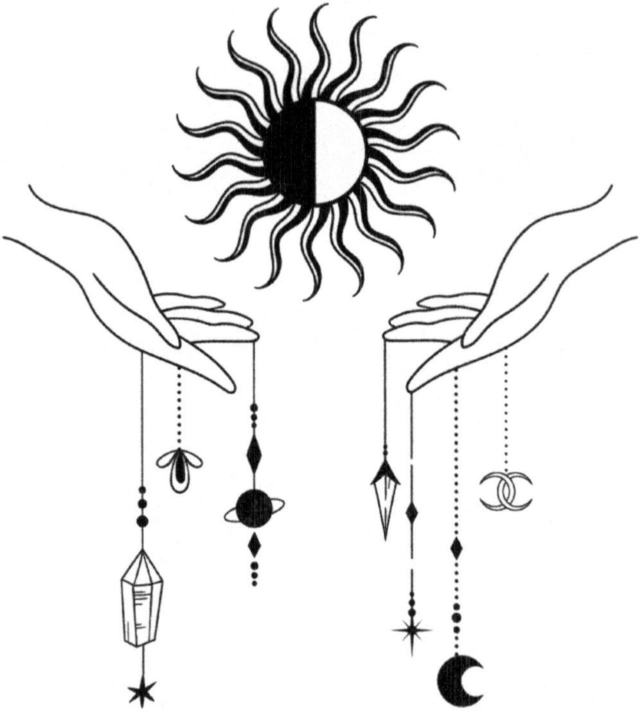

O equilíbrio entre luz e sombras é
o coração da harmonia do ser.

Ritos de Passagem

Como qualquer outra Religião, a Wicca também tem seus Ritos de Passagem, que celebram as diferentes fases na vida de um Bruxo.

Rito de Unção

Ocorre nos primeiros dias de nascimento de uma criança. No Rito de Unção, o recém-nascido é ungido com óleos mágicos e cada pessoa presente lhe confere um dom, um presente mágico.

Wiccaning

É o ritual que ocorre logo após o Rito de Unção, geralmente na lua cheia seguinte. Nele, a criança é apresentada à Deusa e ao Deus. Este ritual visa pedir a proteção das Divindades à criança e jamais comprometê-la com a religiosidade Wiccaniana. Qualquer compromisso só pode ocorrer quando a criança chegar à uma idade em que tenha capacidade de decidir qual é o melhor caminho espiritual para ela mesma. No Wiccaning, a criança ganha dois padrinhos, que o auxiliarão nos momentos de necessidade.

Ritos de Puberdade

Muitas culturas primitivas, incluindo a celta e a nativa americana, tiveram rituais para marcar a passagem de uma pessoa para a fase adulta.

Para as meninas, isso ocorria em sua primeira menstruação, no Rito de Menarca, que é celebrado num ritual exclusivo para mulheres.

Para os meninos, a cerimônia que marca sua introdução na fase adulta é o Rito de Transição, que ocorre por volta dos 13/14 anos e que é celebrado somente por homens.

Handfasting

Handfasting é o Casamento Pagão, que ocorre quando duas pessoas decidem se unir para viverem juntas como casal.

Oficiado por um Sacerdote Wiccaniano, no Handfasting os noivos fazem votos de fidelidade e amor um ao outro. No final, suas mãos são unidas com um laço. A cerimônia pode acontecer em qualquer data, menos entre Samhain e Imbolc, cujas energias de morte e transformação não se harmonizam com os propósitos do Handfasting. Algumas Tradições afirmam que Beltane também não é um bom período para casamentos, enquanto outras afirmam ser a melhor data.

Réquiem

O Réquiem é a cerimônia Pagã que ocorre quando um Bruxo morre. Nesta cerimônia, é pedido que os Portais do País de Verão sejam abertos para que a alma da pessoa possa passar. Três cerimônias distintas marcam o Réquiem. Uma ocorre no dia do enterro da pessoa, a outra uma lunação após a sua morte e a terceira um ano e um dia após a data do falecimento.

Iniciação

Iniciação é a cerimônia que marca a entrada de uma pessoa à comunidade Wiccaniana, a uma Tradição e a um Coven.

É o momento de tomada da consciência de nossa ligação com o Reino dos Deuses.

Na Iniciação, os canais que nos colocam em contato com os antigos Deuses são abertos. É o Rito que marca um novo ciclo na vida de um Bruxo, pois a partir daquele momento, ele se tornará não só um membro real da comunidade Pagã, mas também um Sacerdote da Deusa.

O tema da Iniciação é o de morte e renascimento, para uma nova vida, um novo começo e, como sinal disso, todo Wiccaniano assume um novo nome depois de ser Iniciado.

Algumas tradições possuem três graus de Iniciação. É conferido o título de Alto Sacerdote àqueles que atingem o Terceiro Grau Iniciático. Em Covens hierárquicos, só após a Terceira Iniciação um Bruxo ganha o direito de criar seu próprio Coven.

Geralmente, a Iniciação é precedida pela Dedicação, onde o aspirante à Bruxo permanece por um ano e um dia estudando e em processo de avaliação.

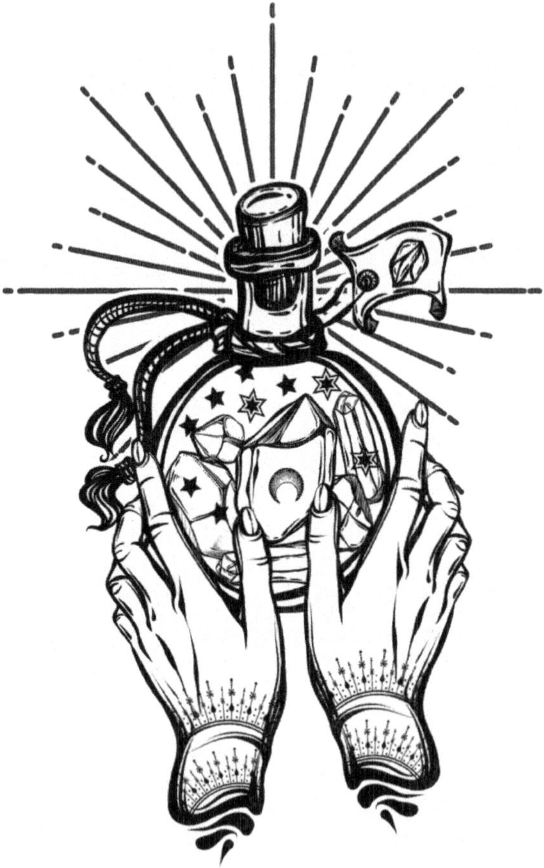

Magia é o poder de realizar o impossível.

Feitiços

A palavra "feitiço" vem do termo *facturus*, que significa "ação sobre o futuro". Um feitiço consiste exatamente nisso: uma ação mágica que visa provocar mudança neste mundo através de nossas ações. Assim, um feitiço é uma prática ritual usada para provocar transformações positivas em nossas vidas.

Na Wicca, todo ritual é um momento de mudança, um instante mágico onde tudo é possível. É através dos ritos que nos conectamos com nossas Antigas Divindades, para que transformações físicas e espirituais aconteçam. É através de rituais que vamos buscar por estas mudanças.

Quando realizamos um ritual, precisamos ter planos específicos, por isso o objetivo é muito importante.

Devemos tomar todo o cuidado para que nosso objetivo não seja mal interpretado se expressado incorretamente. O desejo deve ser construído em termos muito precisos.

A responsabilidade pelos seus desejos é inteiramente sua, por isso você deve refletir muito antes de realizar uma ação mágica. A realização de nossos desejos pode ter ramificações algumas vezes jamais imaginadas. Não devemos esquecer do Dogma da Arte que diz: "Sem a ninguém prejudicar, faça o que desejar".

Magicamente falando, um feitiço é uma projeção verbal aliado à uma projeção mental, ou seja, ele é imagem e som. Sem estes dois fatores, não há Magia.

A Magia segue o pensamento e o pensamento é o primeiro passo para a mudança.

BANINDO O MAL

1 vela preta
2 espelhos
Água
Cordão preto
Óleo de mirra
Papel
Pena e tinta
Sal

Escreva no papel o que você pretende banir. Unja a vela com o óleo e com água e sal. Trace o símbolo da lua minguante no papel. Coloque o papel entre os dois espelhos. Amarre-os com a corda preta e pingue cera de vela nas bordas do espelho, para selá-lo. Enquanto faz isso, imagine que nenhuma energia negativa é capaz de atingi-lo e diga:

Pela Terra e Ar,
todo mal está quebrado.
Pelo Fogo e Água,
todo mal está selado.

QUE ESTE FEITIÇO NÃO PREJUDIQUE OUTROS,
E NEM A MIM, É O QUE DESEJO,
QUE SEJA ASSIM!

Enterre o feitiço em um lugar que você saiba que não será desenterrado.

ATRAINDO AMOR

Álcool
Caldeirão
Jasmim seco

Coloque o álcool no Caldeirão e acenda-o Pense nas qualidades da pessoa que você quer atrair para a sua vida, enquanto repete o seguinte encantamento.

JASMIM QUE QUEIMA NO FOGO ENCANTADO,
TRAGA-ME O AMOR DESEJADO.

Depois, sopre as cinzas das ervas ao vento, pedindo que os espíritos do Ar trabalhem o seu desejo.

AFASTAR PESADELOS E NEUTRALIZAR ENERGIAS NEGATIVAS À NOITE

Ramos de alecrim
Sal
Uma vasilha

Coloque a vasilha para recolher o orvalho da noite. Recolha-a antes do sol nascer. Misture o orvalho com sal e deixe isso na cabeceira de sua cama.

Antes de dormir, com os ramos de alecrim, respingue um pouco do orvalho sobre a cama dizendo:

NÃO ME PERTURBEM MAIS ESPÍRITOS DO MAL.
EU DRENO OS SEUS PODERES NESSA ÁGUA COM SAL.

AFASTANDO ENERGIAS NEGATIVAS DE UMA CASA

1 pote com orvalho
1 vela branca
Alho
Louro
Sal
Vassoura de palha

Com a vassoura, varra a casa no sentido anti-horário. Abra as portas e varra a energia negativa para fora dizendo três vezes:

TODO O MAL EU VARRO AGORA.
VÁ EMBORA!

Visualize a negatividade partindo. Corte o alho ao meio, coloque uma metade em uma bacia com orvalho com três pitadas de sal. Ande no sentido anti-horário por toda a casa respingando a água.

O alho é usado para trazer força e proteção à aura da casa, a água é para limpeza.

Enterre a outra metade do alho na porta de entrada e entre com a vela branca acesa. Caminhe agora no sentido horário por toda a casa, visualizando um Círculo de proteção por todo o lar. Enquanto caminha com a vela, diga as seguintes palavras:

Eu purifico e limpo este espaço, então
Removo o mal e invoco o que é bom
Eu atraio boas energias para este lugar
Que a minha vontade possa se realizar.

Coloque as folhas de louro acima das portas e janelas.

PARA PROSPERIDADE

1 ágata-marrom
1 água-marinha
1 citrino
1 granada
1 pirita
5 moedas
5 velas laranjas
Alecrim
Óleo de cravo-da-índia

Faça um Pentáculo sobre o seu Altar com o alecrim. Coloque uma moeda em cada ponta do Pentáculo. Sobre cada moeda, coloque uma vela laranja untada previamente com o óleo de cravo-da-índia.

Passe o óleo de alecrim na pirita, enquanto medita sobre os propósitos do seu feitiço. Coloque a pirita no centro do Pentáculo dizendo:

Que esta pedra seja magnetizada
com o meu desejo mais verdadeiro.
Terra, Ar, Fogo e Água
realizem o meu sonho financeiro.

Com o óleo de cravos, unja a ágata. Coloque-a na parte exterior do Pentáculo, direcionada ao Norte. Peça que o elemento Terra o ajude a concretizar seu desejo.

Unja também o citrino. Coloque-o na parte exterior do Pentáculo direcionado ao Leste. Peça que o elemento Ar lhe dê a inspiração necessária para realizar seu desejo.

Unja a granada e coloque-a na parte exterior do Pentáculo, direcionada ao Sul. Peça que o elemento Fogo lhe traga a coragem e o vigor necessários para a conquista do seu objetivo.

Unja com o óleo e a água marinha. Coloque-os na parte exterior do Pentáculo direcionada ao Oeste. Peça que o elemento água traga a energia da fluidez, de forma que a realização da sua vontade flua em sua direção.

Acenda as velas. Comece acendendo a vela do topo do Pentáculo e seguindo para a vela inferior esquerda, superior direita, superior esquerda e inferior direita, traçando, assim, um Pentagrama Invocante. Enquanto acende as velas, mentalize o seu desejo.

Logo depois faça o seguinte encantamento.

TERRA TRAGA AS RAÍZES,
AR, FAÇA-AS SEGUIR NA DESEJADA DIREÇÃO,
FOGO, FERTILIZE,
ÁGUA, TRAGA A GERMINAÇÃO.

Deixe as velas terminarem. Recolha as pedras, moedas e alecrim e coloque tudo em um pires, deixando-o em sua mesa de trabalho, ou o mais próximo possível de você.

PARA SAÚDE

1 cordão branco
1 vela amarela
Bétula

Espalhe as folhas de bétula sobre o seu altar, enquanto pede por saúde e cura. Dê treze nós no cordão branco. A cada nó dado diga:

Pelo primeiro nó, o encanto começa
Pelo segundo nó, o mal se vai
Pelo terceiro nó, eu peço cura
Pelo quarto nó, o encanto se faz
Pelo quinto nó, eu trago a saúde
Pelo sexto nó, a enfermidade se afasta
Pelo sétimo nó, eu neutralizo a doença
Pelo oitavo nó, que nenhum mal me faça
Pelo décimo nó, meu desejo é sincero
Pelo décimo primeiro nó, meu desejo é o que eu vejo
Pelo décimo segundo nó, meu desejo eu espero
Pelo décimo terceiro nó, meu desejo é verdadeiro.

Coloque a vela amarela sobre as ervas e faça um círculo com o cordão ao redor dela.
Acenda a vela, pedindo pela cura.

Nas raízes ancestrais da Wicca encontramos a sabedoria sagrada que conecta gerações.

Anciões da Arte

Muitas foram as pessoas que contribuíram para o crescimento e fortalecimento da Wicca. Se não fosse pelo empenho, dedicação e doação destas pessoas, seguramente, a Wicca jamais seria o que é hoje.

Sem os esforços daqueles que lutaram para que a Bruxaria se tornasse uma religião reconhecida e oficial em inúmeros países, nossa religião não passaria de um aglomerado de pessoas com práticas mágicas estranhas aos olhos de outros. Muitas destas pessoas contribuíram substancialmente para o reconhecimento da Arte, outras trouxeram uma nova roupagem, enquanto algumas deturparam um pouco dos conceitos e das bases da religião Wiccaniana para introduzi-la a uma massa maior de pessoas, trazendo a Wicca a um maior conhecimento público, não se preocupando tanto com sua filosofia sacerdotal e iniciática.

A seguir, encontram-se pequenas biografias das principais personalidades da comunidade Pagã.

ALEX SANDERS: talvez essa seja uma das figuras mais controversas da comunidade Pagã. Assim como Gardner, Sanders foi um dos responsáveis pelo ressurgimento da Wicca no século 20. A princípio, ele alegava ter sido iniciado nas práticas da Bruxaria por sua avó, ainda quando criança. Posteriormente, tal afirmação foi desmascarada. Devido ao grande número de pessoas que afirmava ter iniciado, por volta de 1623, Alex se autoproclamou o "Rei dos Bruxos", o que lhe rendeu descrédito público e muitas oposições no meio da Arte em meados dos anos de 1970. Muitos alegam que Sanders teria roubado o Livro das Sombras de um Iniciado de Gerald Gardner e que suas práticas e a Tradição Alexandrina, por ele fundada, é um plágio da Gardneriana. Alex Sanders morreu em 1988, depois de um longo período sofrendo com câncer.

DOREEN VALIENTE: uma das maiores personalidades Pagãs já conhecidas. Se Gerald Gardner pode ser considerado o Pai da Wicca, Doreen seguramente é a Mãe. Doreen foi apresentada à Gardner em 1952, de quem recebeu seu Primeiro Grau Iniciático. Com Gerald, Doreen escreveu muito do material hoje conhecido e usado no Paganismo, inclusive a Carga da Deusa. Muitas de suas opiniões divergiam das de Gardner e, por isso, eles se separaram depois de um certo tempo. Por volta dos anos 1960, ela se uniu por pouco tempo ao Coven hereditário de Robert Cochrane, o criador da Tradição 1734. Doreen morreu em setembro de 1999, na Inglaterra. Ela escreveu vários livros importantes para a comunidade Pagã.

Entre suas obras mais aclamadas estão *Witchcraft for Tomorrow*, *Natural Magic*, *Enciclopédia da Bruxaria e Feitiçaria – A Tradição Renovada*, coescrito com Evan John Jonnes.

GERALD GARDNER: alegando ter sido iniciado em um Coven de New Forest, foi Gardner quem trouxe a Arte à luz em 1951, quando as últimas leis contra a Bruxaria foram banidas na Inglaterra. Ele iniciou várias pessoas entre 1950 e 1964, ano em que faleceu. Considerado o pai da Bruxaria Moderna, Gardner foi seguramente o Bruxo mais atuante de sua época. Sua Tradição, a Gardneriana, segue princípios e práticas Wiccanianas contidas no Livro das Sombras, que teriam sido transmitidos a ele por sua Iniciadora em seu período de treinamento. Gardner é o autor de vários clássicos sobre a Arte como *Bruxaria Hoje*, *Com o Auxílio da Alta Magia* e *O Significado da Bruxaria*.

JANET FARRAR: ao lado de Stewart Farrar, Janet foi uma das maiores divulgadoras da Tradição Alexandrina de sua época. Eles se conheceram no Coven de Alex Sanders, onde Janet foi iniciada. Após se casarem, mudaram-se para Irlanda, onde deram início ao seu Coven, no Condado de Kells. Junto dele, Janet escreveu várias obras importantes para a Wicca, como *Life and Times of a Modern Witch*, *A Bíblia das Bruxas*, *A Deusa das Bruxas* e *Witches' Ways*. Após a morte de Stewart, Janet rompeu seus laços com a Tradição Alexandrina e passou a seguir uma prática mais voltada às raízes Pagãs irlandesas. Ela continua sua atuação em prol do Paganismo, viajando ao redor do mundo ministrando cursos e palestras.

LAURIE CABOT: em 1975, Laurie foi nomeada a "Bruxa Oficial de Salem", uma cidade norte-americana famosa por suas histórias sobre Bruxaria e Inquisição. Laurie é a fundadora da *Witches League for Public Awareness* e sempre esteve envolvida nas maiores manifestações contra as deturpações Pagãs. Seu ativismo em Salem é marcante e sua luta a favor da Wicca é incansável, mesmo com controvérsias e fortes críticas devido ao seu estilo excêntrico e peculiar de se vestir. Autora de livros importantes sobre Bruxaria como *O Poder da Bruxa, Amor Mágico, O Despertar da Bruxa em Cada Mulher* e *Celebrando a Terra*, Laurie seguramente é uma das Bruxas mais visíveis da atualidade.

MAXINE SANDERS: Maxine casou-se com Alex Sanders em meados dos anos de 1960, foi iniciada na Arte pelas mãos de Sanders e se tornou sua Alta Sacerdotisa. Junto dele, Maxine ministrava aulas de Bruxaria em um flat próximo à Nothing Hill Gate, em Londres. Com Alex Sanders, Maxine teve uma filha chamada Maya e um filho chamado Victor.

RAVEN GRIMASSI: como Elder da Tradição Aridiana de Wicca, Raven foi um dos maiores divulgadores da Stregheria, uma vertente da Bruxaria italiana. Foi editor da *Raven's Call Magazine*, um periódico dedicado à preservação das religiões europeias pré-cristãs. Ele viveu na Costa Oeste da Califórnia e foi autor dos livros *Ways of Strega* , *Os Mistérios Wiccanos e Almade Bruxa.*

RAYMOND BUCKLAND: iniciado na presença de Gardner, por Lady Olwen, sua última Sacerdotisa, Buckland foi uma das personalidades Pagãs das mais atuantes por volta dos anos 1970. Escreveu mais de 25 livros e divulgou a Arte em programas de rádio e TV. Na década de 1970, ele foi o precursor da ideia da autoiniciação, que foi abraçada com louvor pela comunidade Pagã e defendida por Doreen Valiente, outra iniciada de Gardner. Entre os seus livros mais proeminentes estão *O Livro Completo da Bruxaria* e *Seax Wicca*.

SCOTT CUNNINGHAM: com mais de 50 livros escritos, Cunningham, nascido em Royal Oak, Michigan, teve seu primeiro contato com a Wicca no colégio, durante o ensino médio. Ele foi um dos mais atuantes propagadores da Arte nos anos de 1980 e influenciou fortemente a Wicca com vários conceitos da Nova Era e do Esoterismo, trazendo assim uma nova roupagem às práticas Wiccanianas. Isso contribuiu para que a Wicca fosse introduzida a um número maior de pessoas, mas por outro lado, segundo alguns, essa atitude trouxe uma perda de qualidade. De qualquer forma, sua influência na Wicca contemporânea é inegável. Alguns de seus livros são *Magia Natural*, *Guia Essencial da Bruxa Solitária*, *A Verdade Sobre a Bruxaria Moderna*, *A Casa Mágica* e *Sonhando com os Deuses*. Cunningham morreu em 1993.

SELENA FOX: fundadora do *Circle Sanctuary*, uma comunidade rural nas proximidades de Madison, em Wisconsin, Selena abriu suas portas ao público para as celebrações de Sabbats e Esbats, além de oficiar Ritos de Passagem e disponibilizar ao público interessado inúmeros cursos sobre religiosidade da Terra. Apesar de suas atividades se restringem basicamente à sua comunidade, ela viaja o mundo representando a Arte em Seminários e Congressos internacionais.

STARHAWK: autora do Best Seller mundial *A Dança Cósmica das Feiticeiras* (*The Spiral Dance*, em inglês) publicado em todo o mundo. Esse livro é referência para Bruxos de todos os lugares e foi a primeira obra sobre Bruxaria a se tornar um Best Seller. Se Gardner foi responsável pelo ressurgimento da Wicca, Starhawk, indubitavelmente é responsável pela divulgação da Arte à grande massa. Sem ela, nada do que sabemos ou fazemos estaria acontecendo ou seria possível. Starhawk esteve no centro da criação das duas maiores instituições Pagãs dos EUA, *o Covenant of the Goddess* (que conquistou a legalização da Bruxaria como Religião Oficial nos Estados Unidos) e o *Reclaiming Collective*, outra importante organização que se tornou uma Comunidade e Tradição de Bruxaria. Ela é uma das maiores e mais respeitadas ecofeministas e lutadoras pela paz mundial. Teve importantes participações nos maiores movimentos antiglobalização do mundo e viaja para diversos países promovendo treinamentos de Ativismo Mágico. Ela é autora de outros importantes livros sobre Bruxaria como *Truth or Dare*, *Dreaming in the Dark*, *The Twelve Wild Swams*, *A Quinta Essência Sagrada*, *Circle Round*, dentre outros.

STEWART FARRAR: Stewart Farrar ficou impressionado com Alex Sanders ao fazer uma matéria jornalística sobre Bruxaria. Depois de ter sido convidado para assistir uma Cerimônia de Iniciação performada por Alex, sentiu-se atraído pela Bruxaria e posteriormente foi iniciado por Maxine, no Coven dos Sanders. Foi lá que conheceu Janet Owens, que se tornaria mais tarde sua esposa e seria conhecida posteriormente como Janet Farrar. Com ela, Stewart escreveu vários livros sobre a Arte e particularmente sobre a Tradição Alexandrina. Entre seus livros mais famosos estão *O Deus das Bruxass, Oito Sabbats para Bruxas, Witches' Way, A Bíblia das Bruxas, A Deusa das Bruxas, Feitiços e como Eles Funcionam e O que as Bruxas Fazem*. Stewart Farrar morreu no ano 2000.

ZSUZSANNA BUDAPEST: a Alta Sacerdotisa da Assembleia Número Um de Bruxas de Susan B. Anthony, nome atribuído ao seu Coven em homenagem à uma famosa advogada defensora dos direitos das mulheres, Z. Budapest, como é carinhosamente chamada, possui a origem de seus conhecimentos sobre a Arte na Hungria, sua terra natal. Ela é a matriarca da Tradição Diânica Feminista e é autora de importantes livros Diânicos como *The Holly Book of Women's Mysteries, Grandmother of Time, Grandmother Moon*.

Na jornada de se tornar um Bruxo, o véu da realidade se desfaz, revelando um mundo onde a intuição se torna guia e os feitiços são tecidos com intenção pura. Nessa alquimia pessoal, você se transforma em um arauto da magia, honrando as antigas tradições enquanto escreve seu próprio destino nas páginas encantadas do universo.

Como se tornar um Bruxo?

Depois de todas estas informações você deve estar se perguntando: *"Mas como eu me torno um Bruxo?"*

Para se tornar um praticante da Religião Wicca, não basta levantar num belo dia e dizer: "a partir de hoje eu sou um Wiccaniano!"

Isso demanda estudo, prática, devoção. Um Wiccaniano é alguém que pratica, celebra, honra e se inicia ou autoinicia na Arte dos Antigos.

O caminho da maioria dos Wiccanianos brasileiros se inicia quase sempre com a leitura de algum livro. Depois de lerem obras que levam a outras obras, começa então um longo processo de identificação com a religião, estudo das crenças e filosofia e logo em seguida inicia-se a prática.

A busca por um Coven sério e uma linhagem mágica pode se tornar uma verdadeira e nem sempre frutífera peregrinação.

O caminho mais fácil às vezes é ler, pesquisar e praticar muito, até que encontre um ou mais Bruxos e então organizem um grupo de estudos e um pequeno Círculo para a prática da Arte.

A Deusa possui diferentes caminhos para diferentes pessoas. Tornar-se Wiccaniano ocorre para cada pessoa de maneira diferente e nenhuma é menos ou mais válida que outra.

Existem inúmeros caminhos, Tradições e formas de celebrar os Antigos Deuses. Diferentes caminhos levam a diferentes formas de aprendizado e a diferentes princípios e diretrizes.

Ler tudo o que puder e tudo o que possa lhe transmitir algum conhecimento adicional sobre a Arte e suas crenças é muito importante para o processo de aprendizado e crescimento. Só assim, valendo-se do conhecimento das bases da religião, é que você poderá determinar se a Wicca responde ou não aos seus anseios espirituais.

Determinando que este é o caminho que você deseja seguir, é importante fazer uma verdadeira análise de seu comportamento, sentimentos e pensamentos sobre o Divino, sobre o Sagrado Feminino e sobre você mesmo e sua decisão de se tornar um Pagão.

Fazer uma lista, catalogando todas as suas razões para se tornar um Bruxo, bem como os prós e contras desta decisão, é uma boa maneira de iniciar na Arte. Você pode fazer esta lista num caderno, que poderá se tornar o seu futuro Livro das Sombras.

Feito isso, estabeleça seu calendário litúrgico com datas para Esbats, Sabbats e Ritos em homenagem ao nascimento do Sol. Meditar sobre o verdadeiro significado dos Sabbats e determinar se você celebrará a Roda do Ano pelo Hemisfério Sul ou pelo Hemisfério Norte também é importante. Sinta o fluxo da natureza, estude sobre a importância da egrégora dos Sabbat para assim fazer uma escolha consciente e não motivada por influências ou convicções de terceiros. Decida os tópicos importantes de sua prática mágica.

Sinta os fluxos da Lua enquanto realiza seus rituais em homenagem à Deusa. Como a Lua interfere em sua personalidade? Você se sente mais forte, mais poderoso, mais psíquico durante o plenilúnio? Ou você se sente esgotado, cansado e fraco durante este período? O que isso quer dizer para você?

Sinta o poder e força dos raios solares. Perceba como as energia da Lua (Deusa) e do Sol (Deus) são diferentes, mas ao mesmo tempo parecidas e complementares.

Integre-se à natureza. Sente-se em um jardim ou praça e sinta a Mãe Terra, os ventos, os sons da natureza ao seu redor. Não esqueça de escrever suas sensações em seu Livro das Sombras, assim você poderá acompanhar seus avanços.

Depois de se integrar à natureza você vai perceber que tudo é Magia, por isso, praticá-la vai se tornar tão natural quanto respirar.

Para nós, a prática da Magia não é nada sobrenatural. Quando fazemos Magia, apenas despertamos e canalizamos a energia que se encontra no interior de cada um de nós, na natureza e no mundo Divino. Porém, é necessário compreender que trabalhar com Magia pode gerar graves consequências. Bruxos são pessoas que se submetem de livre e espontânea vontade a um código de ética conhecido como o Dogma da Arte: *"Sem a ninguém prejudicar, faça o que desejar"*. Você sempre deve se lembrar desta diretriz e segui-la em todos os momentos de sua vida. Ela não se restringe só a natureza e nossos semelhantes, mas também a nós mesmos. Por isso maus hábitos, vícios e qualquer coisa que nos prejudique em alguma escala devem ser evitados.

Você também vai precisar entender a estrutura básica dos rituais. Como criar um Espaço Sagrado, invocar os quadrantes, a Deusa e o Deus, elevar o Cone de Poder, direcionar energia e encerrar um rito. Por isso leia o máximo de livros que puder. Tire suas próprias conclusões e, baseado no que os autores falam, crie sua própria forma de realizar tais procedimentos.

Quando aprender os conceitos ritualísticos básicos, você poderá começar a criar seus próprios sortilégios e rituais.

Não esqueça de realizar exercícios de meditação, visualização, contemplação, etc. Isso ajudará, e muito, a melhorar sua concentração para a prática mágica.

Depois de estudar e, principalmente, de nutrir uma prática devocional frequente, se você ainda sente que a Bruxaria é o seu caminho, é hora de tomar um passo decisivo. Agora é hora de realizar um ritual de Autodedicação ou então encontrar um Bruxo Iniciado (e não autoiniciado) ou um Coven, para que você se torne um "Dedicante".

A Dedicação é exatamente o que o nome diz. A partir deste momento você vai dedicar sua vida à Wicca, aos Antigos Deuses e a aprender a Arte. A partir de agora é hora de cumprir uma Roda do Ano (um ano e um dia) ininterrupta de Sabbats e Esbats.

Este tempo vai auxiliá-lo a se alinhar aos ciclos sazonais e a compreender melhor a filosofia Wiccaniana e, definitivamente, decidir se esta é ou não a religião adequada para você e a forma de como quer ver o mundo e viver nele.

Passado este período, você pode decidir então se autoiniciar ou procurar um Coven ou um Bruxo iniciado para receber um rito tradicional de Iniciação.

Se não encontrar um grupo e tiver que optar por praticar a Arte sozinho, jamais se sinta diminuído. Um Bruxo Solitário não é nada mais nada menos que um Bruxo, da mesma forma que aquele que pratica em um Coven. Graus, Iniciações, Tradições não fazem um verdadeiro Bruxo. Somente a Deusa, a prática e dedicação à Arte serão capazes de criar o clima propiciatório para que a conexão com a Sagrado seja estabelecida.

Abra seu coração, seus ouvidos e sua mente para a Deusa e ouça a sua voz interior. Ela o guiará pelos caminhos certos e verdadeiros!

Blessed Be!

ARDANE

Esta edição foi composta pela Ardane, São Paulo, SP.
Os papéis utilizados foram o offset, gramatura 90 para o miolo
e cartão triplex para a capa.
O texto principal foi composto em fonte Minion Pro 12 e entrelinhamento 12
e os títulos em Enchanted Land, 20 e entrelinhamento 22.
Impresso no Brasil.